BIBLIOTHÈQUE LUSITANE

Éditions Chandeigne
10, rue Tournefort – 75005 Paris
Tél. : 00 33 (0)1 43 36 78 47
www.editionschandeigne.fr

ISBN : 978-2-36732-279-7

Dépôt légal : août 2024

Patrick Straumann

L'homme en mouvement

Chandeigne

Bibliothèque Lusitane
dirigée par Anne Lima & Michel Chandeigne

Ce livre revient sur la vie de mon grand-oncle Paul.

Toute vie est un pays étranger.
Jack Kerouac

I
ZURICH

Dehors, le vent remue le feuillage. La lumière qui filtre à travers la fenêtre fait luire les tables en noyer, une odeur de cire monte du parquet. Lorsqu'une cuiller à café tombe par terre, un chuchotement réprobateur résonne à travers la salle de lecture. L'Archive d'État de la ville de Bâle – une imposante bâtisse en grès datant de la fin du XIXe siècle – est un lieu insolite pour une plongée dans l'archéologie des relations familiales, mais certains documents de son fonds provoquent un étrange sentiment de félicité.

Les deux cartes postales que j'extrais de la boîte cartonnée sont adressées à mon grand-père et elles sont arrivées en Suisse à quelques jours d'intervalle. La première est datée du 13 juillet 1968 et elle est expédiée depuis « The Linguist's Club, 20, Grosvenor Place, SW1. » : « Paul, en route pour New York, vient juste d'arriver à Londres pour une visite éclair – un fantôme du passé, mais un fantôme très bienvenu. » La signature est illisible.

La deuxième, illustrée par le pont du Golden Gate, porte la date du 26 juillet. « Cher Tadzik, j'étais à Porto Rico, New York et San Francisco ; demain, je retournerai au Vietnam. Préviens-moi si mon chèque du 2 juillet ne te parvient pas. Je vous embrasse tous, Paul. »

Aujourd'hui, plus personne ne se souvient de Paul ; aucune trace de son existence ne subsiste, ni de ses projets, ni de ses échecs. Il ne collectionnait rien, se désintéressait de ses rares possessions dès qu'il se voyait dans l'obligation de s'en occuper et vendait souvent à perte. Dans ses décisions, il ne s'appuyait ni sur des modèles ni sur la raison. Il semblait immunisé contre l'air du temps. Avoir le choix le tétanisait, et c'est sous la contrainte qu'il trouvait ses meilleures solutions. « Tout contre » semblait être l'attitude qui aimantait sa boussole intérieure : contre le bon sens, contre le cœur familial, contre le courant puissant des évidences. Dans le doute, il valait mieux partir que rester.

L'introspection ne faisait pas partie de ses habitudes. Il est peu probable qu'il ait un jour été tenté de sonder sa propre personnalité en se contemplant dans une glace et sa correspondance restait souvent d'une banalité confondante. Des expressions comme « ce serait fantastique » ou « ma joie est immense » étaient récurrentes dans ses courriers ; les phrases toutes faites lui permettaient de se soustraire à la curiosité de ses interlocuteurs, peut-être aussi de déjouer les attentes. Ses lettres étaient rarement postées des endroits où elles avaient été écrites. Les formules qu'il employait variaient moins que la forme : les premières cartes postales que sa famille a reçues étaient en noir et blanc, à bords dentelés ; plus tard, elles étaient en monochromie puis, à partir des années soixante, en quadrichromie.

Il avait trois nationalités, deux noms de famille – ses papiers suisses étaient émis au nom de Reichstein, selon son passeport américain, il s'appelait Paul Ritchie – et il lui arrivait d'entretenir le flou en ce qui concerne sa date et son lieu de naissance. Son épaule gauche était engourdie depuis qu'un accident survenu sur un navire de la marine américaine avait failli broyer son bras. Une photo, prise dans les années soixante-dix à Las Vegas, le montre tout sourire, sur le parking du *Pioneer Club* : ses yeux, gris et rêveurs, étaient devenus humides avec l'âge, la casquette bleue contrastait avec l'orange délavé de sa chemise.

L'insouciance et l'inconstance étaient pour lui des états interchangeables, ce qui lui a valu d'être arrêté à Odessa (probablement pour espionnage) ainsi qu'être fiché par la CIA qui le soupçonnait de se livrer à un trafic de devises et de stupéfiants dans l'Italie de l'après-guerre.

Si je me rappelle l'arc que dessinent les quatre-vingt-dix ans de son existence, sa vie était une juxtaposition de trajectoires interrompues et une succession de déconvenues, d'improvisations flamboyantes et d'intuitions dont il était le seul à entrevoir la cohérence. Il est peu probable qu'il ait pu penser un jour que les quelques souvenirs qu'il a laissés derrière lui pourraient lui survivre.

Dans mon enfance, le nom de Paul était généralement synonyme d'absence et son évocation faisait penser à des fuseaux horaires décalés et des rivages éloignés. Sa curiosité géographique était légendaire ; dans la famille, il se murmurait qu'à cinquante ans, il avait déjà fréquenté les trois quarts du globe, dont les montagnes abruptes de l'Albanie et le marché portuaire de Karachi. La mention d'une contrée exotique entraînait inévitablement la discussion sur Paul pour déterminer s'il y avait vécu, s'il l'avait visitée, voire s'il s'y trouvait à l'instant même. En apprenant un jour que le désert de l'Utah était exceptionnellement couvert de fleurs, il n'avait pas hésité à s'y précipiter pour le voir de ses propres yeux, au prix d'un voyage de plus de trois mille kilomètres depuis la côte est.

Si on creusait un tunnel à travers la planète, on pourrait rejoindre la Nouvelle-Zélande, m'avait un jour expliqué mon grand-père dans une tentative de me faire visualiser la forme sphérique de la terre. « Est-ce qu'on pourrait y rencontrer Paul ? » lui avais-je demandé. « Peut-être, avait-il plaisanté, mais le temps d'y arriver, il serait probablement déjà reparti. »

Après la Seconde Guerre mondiale, Paul apparaissait tous les cinq ou dix ans en Europe, soit pour s'enterrer dans sa chambre de la maison zurichoise (surnommée aussitôt sa « cabine de bateau »), soit pour visiter la famille, souvent en fin de journée et après avoir annoncé sa venue par un coup de fil la nuit de la veille, prévenant aussitôt qu'il aurait un avion à prendre le lendemain matin à l'aube. Ses yeux brillaient lorsqu'il découvrait le lit préparé et les draps repassés ; il acceptait également, avec une joie non feinte, la brosse à dents qui lui avait été déposée. À table, il pouvait se montrer affable et monopoliser la parole, dessinant de ses mains des topographies exotiques dans l'air : il était sûr de captiver son auditoire et racontait ses exploits et ses accidents avec le même air enjoué qui faisait ressortir son sourire juvénile.

Un jour, il lui est arrivé d'égarer son billet d'avion. La catastrophe mobilise toute la maison, il est démuni, désorienté comme un enfant dont on aurait lâché la main. Il faut tout mettre en œuvre pour établir un double du billet, appeler la compagnie aérienne pour négocier son admission sur un vol ultérieur, faire venir un taxi. Tandis que tout le monde s'agite, Paul reste immobile, debout sur ses deux jambes, au milieu de la pièce, lève les bras avant de plonger ses mains dans les poches de son manteau et d'en retirer des liasses de billets de banque, reçus, cartes de visite, dépliants publicitaires et coupures de journaux. Après son départ, les objets et souvenirs qu'il avait apportés se trouvent disposés sur les étagères : un briquet de l'armée américaine, une tortue en pierre coréenne, une cuiller à thé en argent du Pérou.

Parfois, bien après son départ, les boîtes aux lettres de ses hôtes se trouvaient encombrées d'études de marché et de propositions d'achat de terrains : son penchant pour les affaires l'avait convaincu d'investir, à la fin de sa vie, dans l'immobilier, le poussant à chercher frénétiquement des associés et à se mettre à analyser les projets d'infrastructure du gouvernement – la construction de tunnels et d'autoroutes – afin de parier sur une future valorisation de ses possessions. Quelques années plus tard, et à la suite d'un raisonnement resté obscur jusqu'à ce jour, il avait fini par acquérir un *rustico,* une ancienne grange construite en pierre sèche dans une vallée enclavée du Tessin.

La dernière fois que j'ai vu Paul, à l'occasion d'un anniversaire de son frère Tadzik, il avait un bras dans le plâtre et il fallait l'aider pour déboutonner son manteau. Un béret graisseux couvrait sa tête. Il avançait d'un pas hésitant et portait des lunettes fumées pour se protéger de la lumière du jour qui lui causait des douleurs lancinantes. Ses mains charnues et tachées étaient lourdement posées sur la table ; hagard, il restait assis, jusqu'à ce que quelqu'un lui demande s'il avait des projets. « Aller à Sarpi, en Géorgie, à la frontière turque », répondit-il, soudain animé. Staline avait fermé le poste-frontière en 1937. Depuis la perestroïka le passage était à nouveau ouvert. « Le miel et les boîtes de caviar sont très demandés en Turquie, à ce qu'on dit. Et puis, il y a aussi les fleurs en plastique... Il faudrait juste que je trouve un partenaire ! Peut-être pourrais-je louer un local commercial à Batoumi. »

L'image qui m'a souvent fait penser à Paul date de 1840 et se trouve à Bâle, dans le Musée juif de Suisse. On y voit un homme, un sac de toile sur l'épaule, qui longe un chemin de campagne, s'appuyant sur un bâton et portant un manteau en haillons. Un clocher émerge d'un fond de verdure indistinct, une volée de corneilles noires s'échappe à l'horizon. Placée au premier plan, au bord du chemin, une borne indique que la ville se trouve à trois kilomètres, mais l'état de concentration du marcheur, plongé dans ses pensées, semble indiquer qu'il n'a pas la moindre intention d'interrompre son voyage.

L'illustration du motif n'est pas exceptionnelle. Au cours du XIXe siècle, des variations autour du thème de l'errance remplissent les galeries et les ateliers des marchands. Gustave Moreau peint un homme barbu à la sortie d'une gorge rocheuse, dominée par une demi-douzaine de peupliers, passant au pied d'une croix. Gustave Doré dessine la même scène, inscrite dans un paysage plus dramatique : un orage se décharge au-dessus de la falaise, la pluie fouette le vagabond dont la barbe hirsute flotte au vent. Le thème connaît d'autres déclinaisons, notamment à Flers, dans l'Orne, où le corps d'un vieillard, créé par Victor Edmond Leharivel-Durocher, apparaît coiffé d'un turban et courbé par l'effort. Aujourd'hui, la sculpture, initialement installée dans le square Delaunay, ne subsiste plus que sur des cartes postales jaunies : vandalisée en 1884, la statue est déplacée en 1922 pour céder la place au monument aux morts. Sous l'administration de Vichy, elle sera démontée et envoyée en Allemagne pour servir de matière première aux efforts de guerre.

Les forces en jeu sont sans doute importantes, tant la figure du juif errant – car c'est de lui qu'il s'agit – semble imposer sa présence dans l'imaginaire européen. Son origine est supposément Jérusalem et, si l'on en croit l'Évangile de Mathieu, sa naissance remonte à plus de deux mille ans : « En vérité, je vous le dis, certains ici ne goûteront pas à la mort avant d'avoir vu le Fils de l'homme entrer dans son royaume. » D'autres sources, citées notamment dans *The Legend of the Wandering Jew*, de George K. Anderson, lui donnent une origine légèrement différente. Selon le récit de Mathieu Paris, un moine de Saint-Alban vivant au XIIIe siècle, le juif errant se nommait Cartophilus et aurait officié comme portier du prétoire de Ponce-Pilate. Lorsqu'il somme Jésus d'accélérer le pas sur le chemin vers le Golgotha, celui-ci lui lance alors : « Je me reposerai bientôt. Mais toi, tu marcheras jusqu'à ma venue.»

D'après le récit du moine, Cartophilus aurait eu environ trente ans lors de la Passion et tombait, toutes les fois qu'il atteignait sa centième année, «dans une sorte d'extase d'où il sort rajeuni et revenu à l'âge» qu'il avait le jour de sa rencontre avec le Christ. L'homme se serait par la suite converti à la foi chrétienne et aurait passé une existence pieuse en Arménie.

Le nom d'Ahasvérus, quant à lui, n'est mentionné que quatre siècles plus tard. Il apparaît pour la première fois dans un texte de Chrysostomos Dudalaeus intitulé *Brève description et récit d'un juif nommé Ahasvérus* et publié à Leyden et à Danzig en 1602. Selon cette chronique, il aurait surgi cinquante ans auparavant un hiver dans une église, «très mal chaussé et mal vêtu», assistant à un sermon et l'écoutant avec beaucoup de piété. À la sortie de l'église, il aurait confié à l'évêque être né à Jérusalem où il aurait exercé le métier de cordonnier, et il aurait «assisté à la crucifixion du Christ». Quelques années plus tard, il est aperçu en Angleterre, en France et en Italie, ainsi qu'en Hongrie et en Perse; les Allemands ont pu le voir à Weimar et à Rostock. En 1601, il a séjourné à Lubeck. Et selon une édition postérieure du récit, il aurait également été vu en l'an 1616 «en Livonie, à Cracovie et à Moscou, par beaucoup de personnes qui se sont même entretenues avec lui».

Si ces apparitions ont pu servir la scholastique, elles séduiront par la suite surtout la littérature. Goethe imagine en 1774 une rencontre d'Ahasvérus avec Véronique, dont le voile donne à voir le visage du Christ, mais, « reculant devant la difficulté du sujet de l'homme qui ne fait que marcher », abandonne le projet. En France, c'est Edgar Quinet qui familiarise ses lecteurs avec le juif errant, condamné à marcher « de ruines en ruines, de royaume en royaume », sans jamais atteindre le Calvaire. Eugène Sue le fait apparaître dans les brouillards glacés du détroit de Béring, où ses pas laissent des traces dans la neige, et l'accompagne dans sa traversée de l'Asie et de la Sibérie, avant de le faire entrer dans Paris en 1832, au moment où se déclare une épidémie de choléra. L'ouvrage a dû toucher le nerf de l'époque : de nombreuses adaptations et variantes permettront au journal *Le Constitutionnel,* où il est paru en feuilleton entre 1844 et 1845, de multiplier ses tirages par six. *Le juif errant* de Sue sera lu par George Sand, Balzac, Sainte-Beuve ainsi que Théophile Gautier, séduit par le traitement particulièrement réussi du « mélange du fantastique et de la réalité ».

Apollinaire s'est lui aussi penché sur la généalogie et les apparitions chatoyantes d'Ahasvérus, peut-être avec moins d'ambition, mais en tout cas avec plus d'humour et de détachement. « Je regardai l'homme », se souvient le narrateur du *Passant de Prague,* lorsqu'il rencontre Ahasvérus devant un urinoir : « il me parut sexagénaire, mais encore vert. Son vêtement apparent se composait d'un long manteau au col de loutre, d'un pantalon de drap noir assez étroit pour mouler un mollet qu'on devinait très musclé ».

Probablement est-ce cette évocation de la figure du vagabond qui correspond le plus à Paul – du moins durant la seconde moitié de sa vie, tant la description d'Apollinaire semble cerner son portrait : « coiffé d'un large chapeau, portant des chaussures de cuir mou, sans talons, qui étouffaient le bruit de ses pas égaux et lents comme ceux de quelqu'un qui, ayant un long chemin à parcourir, ne veut pas être fatigué en arrivant au but ». J'ignore si Paul aurait été capable d'écrire, à l'instar du *Passant de Prague,* à la craie « son nom sur un mur de la rue de Bretagne », mais à la fin de sa vie, son visage à lui aussi disparaissait presque dans la masse de sa barbe. Il n'est pas impensable qu'il ait pu exercer « le métier de savetier » et la ville de Berne aurait alors certainement pu « s'honorer de conserver une paire de bottes » faites par lui et qu'il y aurait « laissées après son passage ».

Certaines conséquences résultant de ses innombrables voyages étaient accidentelles, mais bienvenues. Au fur et à mesure, Paul avait réussi à apprendre une demi-douzaine de langues, dont l'espagnol et l'italien, ainsi que le russe et le japonais, qu'il parlait couramment. Son goût pour le départ et ses inconséquences quant à son engagement familial pouvaient déconcerter, voire irriter, ce qui explique sans doute pourquoi il a pu se sentir plus à l'aise en compagnie des membres de la génération suivante. Pour ses neveux et ses nièces, il était l'oncle d'Amérique dont les apparitions, la plupart du temps inespérées, tenaient du messie et apportaient une bouffée d'air frais. Il était le premier, dans la famille, à mâcher du chewing-gum et ses cadeaux furent à chaque fois une aubaine : un jour, il apparut avec un arc et une flèche aux plumes colorées, un autre, il réussit à faire sensation en apportant un train électrique. Il était aussi le seul dont les neveux valorisaient les promesses, souvent spectaculaires, plus que leur accomplissement.

Baudelaire a non seulement jugé pertinent de noter l'expression « l'horreur du domicile », mais il s'est également penché sur « l'homme du monde », figure qui a, me semble-t-il, le mieux anticipé l'ambivalence de la personnalité de Paul. Ce qui distingue cet « homme singulier », selon Baudelaire, c'est d'être « hors de chez soi, et pourtant se sentir partout chez soi ; voir le monde, être au centre du monde et rester caché au monde », c'est un dandy qui se caractérise par sa superficialité et maîtrise « l'art d'être sincère sans être ridicule ».

Conscient des tensions que son dandysme pouvait provoquer, Paul cherchait à varier ses fréquentations et se rendait dans la famille étendue lorsqu'il avait besoin d'un toit. Au cours des dix dernières années de sa vie, ses appels pouvaient survenir au milieu de la nuit : « C'est Paul, tu peux venir me chercher ? – Dis-moi où tu te trouves. – Sur le parvis de la cathédrale, tu peux venir ? » Formulée à 4 heures du matin, la demande relevait autant de l'ordre que de la prière, mais personne n'aurait pu envisager de lui refuser assistance.

Son ingénuité le rendait vulnérable et provoquait, en retour, des moments de grande inquiétude. Souvent, il craignait de se faire dépouiller, mais dans sa cécité psychologique, il lui arrivait régulièrement de s'entourer de personnes peu recommandables. Passant une grande partie de sa vie dans les limbes sociaux, il pouvait à son tour facilement perdre de vue les règles de bienséance. Avec l'âge, ses venues en Suisse étaient autant motivées par le désir de renouer des liens que par l'envie de dépaysement : comme il se sentait partout chez lui, il finissait par habiter nulle part. Afin de remédier à la peur de perdre ses racines, il avait acheté, à la fin de sa vie, le sous-sol d'un immeuble de Sargans, dans le canton de Saint-Gall. Interrogé sur cet investissement incompréhensible, Paul prétendait que le logement serait facilement accessible, tant de Zurich que de Milan.

Aussi, longtemps, sa présence s'est limitée pour moi à cette silhouette aimable et étrange qui peuplait surtout les récits familiaux et dont les rares apparitions étaient trop fugaces pour laisser une impression durable. Ce n'est qu'en effectuant une recherche dans les archives où est conservée la correspondance de mon grand-père, à l'occasion de la préparation d'un livre précédent, que j'ai pris la mesure de l'énergie que Paul avait déployée pour tenter de trouver la bonne distance vis-à-vis de l'épicentre familial et de la constance dont il faisait preuve dans sa volonté de s'affranchir du fardeau d'une existence qu'il éprouvait comme imposée.

Dans un essai consacré à la figure de l'interlocuteur, Ossip Mandelstam compare les écrits d'un auteur à une bouteille à la mer. « Au moment critique, note-t-il, un navigateur jette dans les eaux de l'océan une bouteille cachetée contenant son nom et la description de sa destinée. Au bout de longues années, errant dans les dunes, je la trouve dans le sable, je lis la lettre, j'apprends la date de l'événement, les dernières volontés du défunt. L'océan, de toute son énorme puissance, est venu en aide à cette bouteille, l'a aidé à *réaliser* sa destination. Et le sentiment du providentiel s'empare du découvreur. »

C'est ce sentiment, que Mandelstam assimile à ce que l'on ressent quand « on est interpellé de manière inattendue par son nom », que je tente de retranscrire dans ce livre. Et si l'émotion que j'éprouve en lisant la correspondance échangée entre Paul et son frère me semble excéder le cadre strictement délimité d'une affaire privée, c'est que je crois qu'il s'y joue quelque chose de plus fondamental : comme si, dans le face-àface de ces vies croisées se manifestait aussi l'écho d'une histoire qui les dépasse, et qui, les dépassant, m'interrogeait en silence.

En parcourant les différents classeurs qui contiennent leurs échanges, j'ai eu l'impression que leurs écrits devenaient le compas qui pourrait me permettre de mesurer l'abîme qui les sépare. Être indissociables tout en étant fondamentalement désunis : voici comment pourrait se laisser résumer leur relation. La trajectoire professionnelle sans faute de Tadzik, le frère aîné (une carrière universitaire, un parcours exceptionnel de chercheur, couronné d'un prix Nobel) n'a pas besoin d'être défendue, ses succès parlent d'eux-mêmes. La voie de Paul s'avère plus opaque, elle est sans doute aussi plus imprévisible, mais sa volonté tenace de devenir un autre me semble si marquée que c'est vers lui que j'ai voulu me tourner. Et si ce récit devait se fixer un horizon, ce serait celui de cerner son existence sans la trahir, de saisir sa vie sans la figer.

Encouragé par l'assouplissement des règles définissant les zones de résidence pour les juifs, le grand-père paternel de Paul, Leiser Beir Reichstein, s'est installé comme drapier à Lodz. À la fin du XIXe siècle, les ateliers et les manufactures s'y multiplient et les rues de la ville, connectée à un réseau ferroviaire flambant neuf, résonnent des coups de marteau de la révolution industrielle. Malgré les ravages de la mortalité infantile, Leiser et son épouse Faly Mariem, née Posnersohn, ont pu élever cinq fils, dont Gustav, un chimiste (spécialisé dans « le pétrole »), ainsi qu'Elias, un médecin qui exercera par la suite à Varsovie. La fille d'Elias, Stefa, elle aussi médecin, achève son internat sur les rives du lac de Zurich avant de s'établir pour le reste de son existence dans le baraquement d'un hôpital militaire situé dans les environs de Moscou où elle passera la Seconde Guerre mondiale à soigner les blessés de l'Armée rouge.

Moritz et Mathias, les fils les plus jeunes de Leiser, nés en 1864, sont jumeaux. Dans leur jeunesse, leur ressemblance est telle que les agents de recrutement de l'armée du tsar les soupçonnent de se faire passer l'un pour l'autre lorsqu'un rapport médical, constatant qu'ils souffrent de la même infirmité, les déclare tous les deux inaptes au service militaire (suspecté d'usurpation d'identité, Moritz est condamné à de la prison, et Mathias doit entreprendre un long et pénible voyage de Lodz à Moscou pour plaider la cause de son frère). À la fin du siècle, ils suivent tous les deux une formation en arts graphiques, puis émigrent à Vienne pour y ouvrir un « studio photographique » dont l'esthétique, s'inscrivant dans la plus pure tradition Biedermeier, fera fureur parmi la clientèle bourgeoise. Mathias meurt en 1907 ; en 1938, sa veuve et sa fille Mimi échapperont à la déportation grâce à un visa obtenu au consulat anglais qui leur permettra de traverser la Manche.

Le fils du milieu, Isidor, le père de Paul et de Tadzik, est né en 1857 à Plock, une ville baignée par les eaux charbonneuses de la Vistule. Ses excellents résultats scolaires lui permettront de contourner le numerus clausus en vigueur à l'université de Saint-Pétersbourg, où il effectue des études d'astronomie ainsi que de chimie. Son penchant pour la solitude comme le notera sa femme dans son journal, qui a commencé à se manifester pendant son séjour dans la capitale se renforce lorsqu'il retourne dans sa province natale : le soir, « il se réfugiait dans l'étude de l'anglais en suivant des cours par correspondance », le dimanche, son épouse le voit plongé dans la poésie de Tennyson et les sonnets de John Keats.

Le mariage d'Isidor avec Gustava Brockman, une cousine de sa belle-sœur varsovienne, est célébré un après-midi de 1896. Jan Brockman, le père de Gustava, propriétaire d'une scierie, est originaire de Woclawec où il a fait fortune dans le bois. Sa ressemblance avec Joseph Conrad est frappante (mais perdue, malheureusement, au fil des générations) bien que ses connaissances de la navigation se soient limitées à quelques rares expéditions fluviales en Mazovie. La mère de Gustava, Sarah Jakobsohn (née en 1856 aux États-Unis), a pu se targuer d'avoir fait l'expérience d'une traversée de l'Atlantique, mais la vie familiale a, paraît-il, éteint en elle tout désir de retour au pays natal. Son aisance en société et le plaisir qu'elle éprouvait à se trouver au centre de la vie mondaine lui ont fourni l'occasion de remplir ses carnets d'adresses et permis de se faire une réputation de marieuse.

C'est la perspective d'une vie de famille qui convainc Isidor de diversifier ses sources de revenus. Il décide d'investir dans la sucrerie, une industrie qui se trouve alors en plein essor : constatant que la technologie des usines à sucre de la betterave laisse à désirer, il se tourne vers l'ouest, où sa maîtrise de la langue allemande lui permet de nouer des contacts privilégiés avec les ateliers de Chemnitz (la « Manchester saxonne »), réputés pour leur compétitivité dans le domaine de la mécanique fine. Rapidement, sa renommée de négociant est acquise, et puisque le cours de la betterave ne cesse de grimper, la fertilité de la terre noire de l'Ukraine favorise les rêves les plus extravagants.

Les cinq fils de Gustava naissent tous au gré des fluctuations de la production sucrière : tantôt à Wloclawec (Tadeusz, surnommé Tadzik, l'aîné), tantôt à Ciechocinek (Edouard, le troisième) ou à Kiev (Adam, Ignaz ainsi que Paul, le benjamin de la fratrie). Avec l'augmentation des revenus, l'argent cesse d'être un motif de préoccupation – et donc de sujet de conversation. Méfiante vis-à-vis de l'administration russe qui ne cache pas son aversion pour la bourgeoisie de province, la famille garde la tête froide et reste économe.

Le départ de Russie se fait de façon précipitée, malgré les signes avant-coureurs qui, de Kichinev à

Odessa, ont mis les échoppes et les faubourgs juifs sous tension. Après dix années passées à Kiev, Gustava s'est mise à aimer les coupoles bourgeonnantes de la cathédrale Sainte-Sophie, mais le soulèvement de 1905 et le massacre du « Dimanche rouge » à Saint-Pétersbourg rendent l'émigration inévitable. La famille impériale, qui tergiverse dans un premier temps devant l'ampleur des grèves, finit par envoyer les soldats au front et remet le terrorisme à l'ordre du jour : le 9 février, une bombe, remplie de nitroglycérine, déchiquette le grand-duc Serge Alexandrovitch. Le gouvernement du tsar, saigné par la guerre sino-russe, accueille les pogroms qui éclatent aux confins de l'empire comme une diversion bienvenue. En octobre, les tueries de la Moldanka s'étirent sur trois jours ; à la fin de l'hiver suivant – Paul, né le 30 janvier 1905, a treize mois lorsque le médecin le juge apte à voyager –, Isidor confie ses affaires à son associé et la famille franchit la frontière suisse.

Paul a neuf ans lorsqu'il voit son père constater la ruine de ses affaires, onze, le jour où on lui fait remarquer la silhouette de Lénine dans la pénombre d'un café au bord du lac.

Cela fait huit ans que la famille habite à Zurich. Le chalet entouré de champs et de haies qu'Isidor a acheté se trouve sur une colline qui surplombe la ville. Depuis le balcon, la vue s'ouvre sur des prés en fleurs et, les jours où la couche de nuages se dissipe, sur les Préalpes suisses. En hiver, le vent s'engouffre entre les lattes de bois. La pente est si raide que la maison semble balancer sur ses fondations par temps de pluie.

À l'intérieur, le salon, constellé de piliers et orné d'un plafond à caissons, rappelle le goût extravagant de la première propriétaire, Fräulein Emma Booth de Hambourg, la fille excentrique du fondateur de l'armée du Salut, qui en avait supervisé la construction en 1893. La pièce en encorbellement, un vestige de la frénésie fin-de-siècle, possède un air vaguement gothique. Une tourelle que surmonte une girouette en fer domine le toit évasé.

Les premières années de Paul se déroulent entre les plis des jupes maternelles, les planches rêches de la terrasse et les vergers avoisinants, dont les fruits défendus semblent se pencher vers ses mains tendues. Trois semaines avant son sixième anniversaire, Paul rejoint la classe du professeur Victor Berg, qui dispense son enseignement à domicile : outre ses frères, quatre filles et une poignée de garçons des quartiers avoisinants fréquentent quotidiennement le chalet afin de profiter des bienfaits de cette « école réformée ». Le précepteur, chargé de modeler l'âme et les pensées de la jeunesse, est une institution en Russie, mais son pendant occidental reste une excentricité, une rareté observée avec suspicion, d'autant que les leçons prodiguées par Berg se veulent à la pointe de la modernité.

Selon la vision du professeur, rien ne doit s'opposer à l'éveil de la conscience, ni à l'épanouissement du corps. Les élèves mangent des légumes crus ainsi que du pain noir, les cours de botanique se déroulent dans les bois avoisinants, où la loupe magnifie la mousse qui couvre les rochers humides. Ensemble, ils construisent des mangeoires à oiseaux et organisent des pique-niques. Les jours de pluie, ils étudient les escargots, aussitôt classés en fonction de leur apparence et sécrétions. Le travail manuel et le jardinage sont censés parfaire l'éducation, et l'été, l'année se termine avec une mise en scène de Shakespeare (aux fraises élisabéthaines se substituent des foulards, les filles se déguisent en héroïnes de Jane Austen, tandis que les garçons portent des bérets et revêtent des redingotes).

Une fois par an, Victor Berg emmène les enfants dans les montagnes. Les expéditions durent entre deux et trois semaines, et Paul, dont les connaissances se sont jusqu'alors limitées aux couleurs changeantes du lac de Zurich, voit pour la première fois le pays se déplier sous ses yeux.

Si la Suisse peut encore aujourd'hui évoquer l'image d'une contrée bucolique, c'est probablement aux paysages du sud-est qu'elle le doit : à mesure que le pays de Glaris disparaît derrière des bancs de nuages effilochés, les flancs du Waldishorn et du massif des Churfirsten se dessinent dans un nuancier de gris. Dans la vallée de la Julia, des ruisseaux strient les falaises rocheuses et irisent le sous-bois où s'accrochent encore des plaques de neige. Les matins, un givre tirant bleu recouvre les forêts, une odeur âcre monte des ronces et des cèpes, les étables en bois constellent les prés. Après les dernières maisons de Bivio, la route serpente dans un paysage lunaire, avant de plonger dans une haute plaine fleurie, délavée par les mouvements glaciaires, où paissent des troupeaux de chèvres. Les pentes sont piquetées de jaune, à l'horizon se profile une enfilade de crêtes et de sommets teintés de mauve.

En 1914, la Suisse enregistre, incrédule, les premiers échos des orages d'acier qui secouent le nord de la France. L'armée est aussitôt déployée aux frontières ; à Lucerne et à Berne, des drapeaux ornent les façades des restaurants et les arcades des rues commerçantes. Dans les vitrines, la figure du paysan armé est réactualisée pour conjurer l'esprit de résistance et rappeler la vaillance d'une population jadis guerrière. Tout aussi frappante, toutefois, est la fréquence avec laquelle les trains se mettent à circuler entre les villes frontalières et les stations thermales, transportant des infirmières dépêchées sur place pour soigner les blessés accueillis dans les sanatoriums de Leysin et de Davos (Hemingway quant à lui se souviendra surtout des scintillements du soleil sur le lac Majeur). Déserteurs et marchands d'armes affluent et discutent à voix basse affaires et informations confidentielles. Seuls les cafés de Zurich réussissent à s'aménager une fenêtre sur le monde : deux ans après le début de la guerre, le Cabaret Voltaire, fréquenté par Tristan Tzara,

Marcel Janco et Emmy Hemmings, tient le dadaïsme sur les fonts baptismaux.

Isidor, le père de Paul, qui la veille de la déclaration de guerre a réservé un billet de train pour se rendre à Kiev, se retrouve du jour au lendemain privé de ses liens avec l'Europe centrale. L'avancée des armées allemandes rend toute reprise des échanges commerciaux impensable. Pour la première fois depuis son arrivée à Zurich, il prend la pleine mesure de son état d'exilé. Confrontée à la nécessité de pallier l'absence de revenus, Gustava décide alors de se charger des affaires familiales et d'ouvrir la maison à des pensionnaires, des hommes surtout, des étudiants, des réfugiés et des artistes en première ligne, mais aussi – la réputation de Carl Gustav Jung avait depuis longtemps franchi les frontières du pays – à trois gracieuses sœurs de sang bleu originaires de Haarlem, aux Pays-Bas, ébranlées par les névroses familiales et le fardeau des doutes. En juin 1915, par crainte peut-être que la Suisse puisse un jour être à court de chair à canon, les autorités de la ville de Zurich accordent, à Paul et à ses frères, le passeport suisse.

C'est en janvier 2015, à la suite des attentats, ou plus précisément après les manifestations qui ont suivi l'assassinat des journalistes et la prise d'otages au supermarché de la porte de Vincennes, sous l'impression de la foule inondant Paris comme un fleuve, que j'ai, pour la première fois, envisagé de déposer une demande en vue d'acquérir la nationalité française.

La procédure de naturalisation par décret demande un certain souffle et une persévérance dans la collecte des documents exigés : il faut rassembler les actes de naissance et de décès des parents, reconstituer le fil rompu de ses différentes activités salariales depuis deux décennies, prouver qu'on est « de bonne vie et mœurs » et, enfin, attester d'un casier judiciaire vierge. Il faut aussi subir un entretien, justifier d'une connaissance raisonnable de la langue française, maîtriser les rudiments de l'histoire du pays et risquer une explication de la devise nationale. On est encore invité à prendre position sur la laïcité, à faire état de ses engagements associatifs, à révéler enfin ce qui nous lie et nous unit au « fait national ».

Pour ce qui concerne les liens d'ordre affectif, je n'avais qu'à puiser dans mes souvenirs d'enfance, quand la France était pour moi synonyme d'un bonheur inaltérable : il y avait les dimanches passés en Alsace sous les branches d'un noyer, plongés dans une lumière tamisée, les pique-niques en famille sur une couverture beige en laine qui servait de nappe, le briquet du père scintillant dans le soleil. Les insectes faisaient vibrer la pelouse, l'odeur d'herbe sèche stagnait dans l'air lourd de l'été tardif. Habituellement, les excursions se terminaient en fin d'après-midi à la terrasse d'un restaurant de campagne sous les guirlandes :

des tables bancales, tachées de vin, écorchaient les mains, des rires aux sonorités étranges fusaient, les cailloux blancs crissaient sous les pieds.

Plus tard s'ajoutaient les voyages dans la campagne provençale, où le paysage se découvrait à travers la vitre arrière de la voiture : des platanes taillés à la serpe flanquaient les allées, les rues étaient vidées par le mistral, le vert éclatant des vignobles et le genêt fleurissaient les flancs arides des collines. Aux alentours des hameaux, des lieux-dits aux noms de saints oubliés, des masures à la toiture basse, enserrées dans le lierre, se fondaient dans le paysage. Des murs en pierre sèche séparaient la route des champs, et des croix en pierre, mangées par la mousse, surgissaient des virages. Le soir, des lumières jaunâtres éclairaient les fenêtres des fermes. L'humidité réveillait l'odeur des forêts de chênes.

Il faut du temps (et de la disponibilité, sans doute), quelques décennies plus tard, pour agencer entre elles ces impressions et les insérer dans un panorama plus contemporain, mais une procédure de naturalisation n'est sans doute pas le moment le plus opportun pour risquer un premier bilan.

Si, au jour le jour, la France ne fait pas toujours des efforts incommensurables pour se montrer séduisante, elle fournit au moins quelques raisons solides pour se laisser captiver par son passé : les vers cristallins de *Bérénice* en font assurément partie, tout comme les Encyclopédistes et le « crime », selon le mot de Michelet, d'avoir voulu, en 1789, « délivrer le monde ». Au XXe siècle, la filmographie de Jean Renoir a dessiné les contours d'un pays dans lequel on pourrait volontiers envisager de passer sa vie.

Pourquoi faire une demande de naturalisation ? La question ainsi formulée peut paraître incongrue dans sa simplicité, mais elle s'impose lors de l'entretien avec l'agent de la préfecture qui attend, aimable et ferme, un début d'explication. Selon Charles Péguy, il serait même plus facile d'y répondre avec un regard étranger car la question suppose qu'on regarde le pays « comme si on n'en était pas ». On reste pour habiter une seconde langue, pourrait-on dire ; aussi, sans doute, parce qu'on a changé, fort d'une expérience acquise au cours des années et tant les raisons qu'on est tenté d'invoquer sont souvent différentes de celles pour lesquelles on est venu s'installer.

Qu'est-ce qu'une patrie ? Fernand Braudel (gardant son « pain blanc pour ses vieux jours ») a attendu la fin de sa vie pour rédiger *L'Identité de la France* ; plus récemment, Jean-Christophe Bailly, avec *Le Dépaysement*, dérivant des plages du Nord jusqu'aux confins des Pyrénées, a proposé à son tour un somptueux voyage à travers la France. Mais c'est dans *Qu'est-ce qu'une nation ?* d'Ernest Renan que j'ai fini par trouver ce qui m'a paru être une définition valable de l'appartenance : « la possession en commun d'un riche legs de souvenirs » ainsi que « le désir de vivre ensemble, la volonté de faire valoir l'héritage qu'on a reçu indivis ».

Avoir des souvenirs en partage et consentir à cet héritage : en citant cette réflexion dans les bureaux de la préfecture, je n'ai pas pu m'empêcher, pour la première fois depuis longtemps, de repenser aux questions que m'adresse la trajectoire de Paul.

Le 9 avril 1917, après un passage par le restaurant Zähringerhof pour serrer une dernière fois la main de Siegfried Bloch, son bibliothécaire favori, Lénine quitte définitivement son appartement sombre et étriqué de la Spiegelgasse et monte dans le train plombé qui doit le mener à Petrograd après une traversée de l'Allemagne en guerre. Fin 1918, c'est au tour de la philosophe Margarete Susman et de son mari, installés dans un village sur la rive sud du lac, de quitter précipitamment Zurich afin d'œuvrer pour la révolution à Berlin. Proche de Martin Buber et élève de Georg Simmel, Susman a traduit Bergson en allemand, mais au sortir de la Première Guerre mondiale, l'heure est à l'engagement politique : la mutinerie des marins de Kiel vient de provoquer la chute de la monarchie et Karl Liebknecht, depuis le balcon du Château, appelle à la fondation du parti communiste allemand. Erwin, le fils des Susman, un garçon de onze ans aux poumons fragiles, reste dans la pension Reichstein, où il est aussitôt intégré dans la mécanique familiale.

Les écrits de Jung, l'autre voix qui tente de se rendre audible dans la pension, ont à leur tour une forte résonance, mais Paul, peu réceptif aux concepts d'inconscient collectif et de déterminisme psychique, finit par leur préférer les choses concrètes. Le monde est là pour être parcouru et éprouvé, la ligne d'horizon promet des voyages plus excitants que les rêves.

Ses premières velléités de voir du pays provoquent un scandale : il a quatorze ans lorsqu'il vole une paire de jumelles, et comme l'objet du délit provient des stocks de l'armée allemande, il est difficile d'étouffer l'affaire. Police et justice s'en mêlent, cherchent des complices et soupçonnent l'existence d'une filière organisée. C'est lors d'une tentative de revente que l'arrestation de Paul a lieu ; la honte d'être exposé provoque en lui une douleur insoupçonnée, il doit fuir les regards réprobateurs des adultes et se cache dans les recoins de la maison. Son faux pas alimente les ragots du voisinage, Gustava le punit, puis le console tout en cachant son inquiétude.

Quelques semaines plus tard, l'incident est cependant clos, et c'est à bicyclette qu'il entreprend de traverser la Suisse pour descendre la vallée du Rhône. La route entre Lucerne et Andermatt est longée de torrents et de prairies, de villages aux maisons cossues dont les façades s'ornent de balcons fleuris et des volets peints. Des ponts en bois enjambent les ruisseaux, à l'approche du col de la Furka, des parois rocheuses d'un gris cendré se dressent au-dessus de l'eau laiteuse des lacs alpestres. La nuit, le ciel étoilé semble se mouvoir au-dessus de sa tête.

Lorsque Paul s'arrête à la gare de Martigny, il constate qu'il vient de franchir la frontière linguistique et qu'il lui faudra dorénavant faire appel aux fragments de son vocabulaire français. Derrière Montreux, le lac Léman s'ouvre sur les sommets enneigés de la Savoie. La route traverse des vignobles, des barques de pêcheurs ondulent sur la surface lisse de l'eau. Quand, après un sprint, il atteint la rive du lac, il a du sang séché dans les oreilles, mais il sent une énergie nouvelle couler à travers ses veines.

De retour au chalet familial, il manifeste pour la première fois son besoin de distance et décide de s'inscrire dans un lycée de Trogen, une commune endormie sur les premiers versants du massif alpin. Six mois plus tard, il fuit la monotonie des pâturages, traverse la Manche et s'installe dans l'entresol humide d'une maison victorienne de Londres pour suivre les cours d'un institut technique établi dans un immeuble de Regent Street.

En 1924, après une décennie marquée par les tranchées et la grippe espagnole, la civilisation reprend la main. L'École polytechnique fédérale de Zurich vient de se doter d'une coupole aux airs classicistes qui domine le quartier universitaire, et les vergers aux alentours rétrécissent à mesure que l'institution s'agrandit. Les membres des confréries étudiantes portent des casquettes aux couleurs de l'organisation. Aux beaux jours, le son des cloches de l'église de Fluntern s'immisce dans les salles de cours.

À un siècle de distance, ce sont les archives de l'École qui me permettent de reconstituer le parcours universitaire de Paul. Ses notes sont bonnes et en dehors d'une interruption pour des raisons de santé, il fait preuve d'une assiduité à toute épreuve : les années durant lesquelles il fréquente l'université apparaissent comme un moment de stabilité, un fil à plomb dans un édifice biographique aux lignes erratiques. La grande affaire de l'époque est la vitesse et le département de physique s'échine à développer des formes aérodynamiques, permettant aux objets en mouvement de se libérer de leur inertie. Les calandres des voitures s'affinent, les parebrises s'arrondissent et lorsque les bolides, transportés à Berlin pour être testés sur le circuit de l'AVUS réussissent à accélérer sans soulever un nuage de poussière, on parle de progrès mesurable, estimant être sur la bonne voie.

En dehors des cours consacrés à la construction automobile et à l'aéronautique, Paul développe un faible pour la théorie moléculaire de la matière et la philosophie des mathématiques. Une soudaine appréhension d'une vie dominée par les livres le fait changer d'avis et il demande au rectorat l'autorisation de quitter le département de physique pour suivre des cours de technologie. Il aime la brillance de l'acier poli, mais il se peut aussi qu'en se penchant sur les établis dans les ateliers flambant neufs où se pratique le fraisage, il pense aux raffineries de sucre de l'Ukraine qui tournent dorénavant sans le concours de la famille Reichstein. L'idée de se faire courtiser par les anciens fournisseurs industriels de son père ne serait sans doute pas pour lui déplaire.

De même aurait-il aimé montrer à Isidor le diplôme que le directeur de l'institut lui remet en décembre 1928, lui fournissant la preuve que ses cinq fils sont désormais installés en terre d'asile. Mais il arrive trop tard : le père qui avait lâché prise dès 1914 a fini par s'emmurer dans le silence à partir de 1917. L'émigration et la guerre l'ont successivement privé de ses possessions et de toute possibilité d'avenir. Depuis que le drapeau rouge flotte sur le Kremlin, ses biens se limitent à des titres de propriété sans valeur et quelques liasses de billets d'une monnaie qui n'a plus cours. Même la NEP, la nouvelle politique économique insufflée par Lénine à la fin de la guerre civile, ne se veut guère plus qu'un repli stratégique et ne laisse aucune place à l'illusion d'un éventuel retour.

À la dépression chronique qui terrasse son père s'ajoute depuis le début des années 1920 une maladie paralysante qui le cloue au lit ; un accident vasculaire, survenu après une maturation lente, prive son cerveau de toute impulsion vitale. Après des années passées sur le balcon à fixer de ses yeux la crête des Alpes, un deuxième vaisseau explose un matin brumeux en avril 1931. Isidor meurt à soixante-douze ans. Le prêtre œcuménique chargé de prononcer l'oraison funèbre parlera de « délivrance » et d'une mort « ni désirée ni malvenue »; dans son journal intime Gustava se souviendra de son mari comme de quelqu'un ayant eu « ses racines enfouies dans un autre pays » et d'une « vie assombrie ».

De même arrive-t-il trop tard pour entamer une carrière dans le droit fil de ses études : après l'obtention de son diplôme, Paul occupe brièvement un poste d'assistant au département de génie mécanique de l'école polytechnique, mais, en janvier 1929, il démissionne pour signer un contrat avec l'entreprise Bell AG, un atelier de construction à Kriens, spécialisé dans les compresseurs et les pompes à vide, dans les environs de Lucerne.

Début mars 1930, un sentiment d'absence parcourt son corps, et c'est avec l'impression de s'enfuir qu'il remplit sa valise. Il prend le train de nuit pour Paris, puis, un billet de la Compagnie des chemins de fer Paris-Lyon-Méditerranée en poche, embarque gare de Lyon. Une odeur de pin et de suie flotte dans l'air lorsqu'il descend les marches de la gare Saint-Charles à Marseille. Le pont transbordeur étincelle dans le soleil matinal, la Canebière est peuplée d'hommes d'affaires et de marins et les voix des poissonnières sonnent comme la promesse d'un avenir radieux. Dans les rues, les branches des platanes se rejoignent pour former une voûte, des fruits pourris s'amoncellent dans le caniveau. Des draps sèchent au vent. La clarté du ciel le bouleverse, c'est la première fois qu'il voit la mer.

Le lendemain, Paul pousse la porte de la Compagnie de navigation mixte et réserve une cabine sur le pont supérieur d'un navire en partance pour Alger. L'*El-Biar*, un cargo d'une jauge brute de 4500 tonneaux fraîchement acquis par la société de navigation pour faire oublier la désolation des années d'après-guerre, vient de sortir des chantiers navals de Port-Vendres. Une cloche en laiton sonne l'heure des repas, dans les bar-fumoirs des lignes sobres ont remplacé les guirlandes Art nouveau qui festonnaient les salles communes des navires des générations précédentes. Deux cheminées dominent le pont et les cabines des passagers.

Au large de la Corse, la houle se creuse et la lumière rasante irradie le ciel orageux. La nuit, alors que la pluie fouette la vitre du hublot, Paul tente de se calmer en réglant sa respiration sur les vibrations des machines. La tempête aura duré « vingt-deux heures », rapportera-t-il plus tard, mettant « tant l'équipage que les passagers » en danger. Lorsque le navire franchit la passe du port d'Alger, le pont supérieur se remplit d'uniformes et d'ombrelles colorées. Plusieurs douzaines de bâtiments de guerre mouillent dans la baie, des fanions tricolores flottent entre les mâts des bateaux de pêche. Des grues soulèvent les automobiles noires des entreponts et les déposent sur le quai. Une couche de peinture fraîche recouvre les bâtisses de la ville nouvelle qui trace un cercle autour des cubes blancs de la casbah.

Quand il débarque sur le quai, le braiment des ânes attelés aux charrettes le tire de sa torpeur. Il se fraie un chemin à travers la cohue, respire le parfum des mimosas, remarque la silhouette des mendiants et la démarche souple des femmes sur les escaliers du port. À l'ouest se dessine la silhouette du dôme de la basilique. Il a vingt-cinq ans et l'idée de se trouver en terre africaine lui semble irréelle.

Sur le front de mer, la chaussée résonne encore des défilés commémorant le centenaire de la prise d'Alger. Des affiches célèbrent la complicité entre colons et indigènes se promenant ensemble dans des champs de blé. Les généraux Charles Huntziger et Maxime Weygand assistent à la parade des spahis et des fusiliers dans l'hippodrome et d'après les manchettes de la presse, le président Gaston Doumergue, arrivé le 6 mai à bord du croiseur *Duquesne*, s'apprête à se rendre à Boufarik pour y dévoiler un monument élevé à la gloire du génie colonisateur de la France.

Après cinq journées passées à se promener sous les voûtes marchandes et à visiter le marché aux bestiaux,

Paul comprend soudain combien cette expérience le grise : pour la première fois il a l'impression que, tant qu'il sera en route, rien de ce qu'il lui arrive ne pourra avoir de conséquences. La découverte l'exalte ; enthousiaste, il se mêle une dernière fois à la foule avant de faire viser son passeport et de remonter à bord.

Au retour, il s'accoude au bastingage. Quand le soleil se couche, la mer est cette fois-ci lourde et lisse. La tempête qui a secoué la traversée pour Alger est oubliée, c'est en silence que le navire glisse dans la nuit. Les vibrations des turbines montent le long des cloisons et mettent le pont sous tension ; l'espace d'un instant, il est tenté de demander au second s'il peut jeter un coup d'œil dans la salle des machines, mais il devine qu'il lui manquerait sans doute le vocabulaire pour mener une conversation.

Le lendemain, enivré par l'air chargé d'iode, Paul a une première idée de la trajectoire que prendrait son existence : tout ce qu'il voit depuis le pont – l'écume des vagues, l'eau sous la proue, le vol stationnaire des mouettes – est en mouvement et pourtant immobile. Aucun point fixe ne se dessine à l'horizon, le ciel se confond avec la mer dans un lavis pour former une sphère bleutée. La mer lui permettra de tenir le cap, chaque fois qu'il se trouvera acculé sur terre, les voyages lui offriront une porte de sortie, et chaque fois qu'il comprendra qu'il s'est engagé dans une impasse, le tangage des vapeurs l'aidera à retrouver le souffle.

Sans le savoir, il se trouve à l'entrée d'une grande boucle, au début d'un long cycle de variations et de répétitions. Plus tard, les navires deviendront son chas d'aiguille : en 1939, ce sont les cargos qui lui permettront de se rendre à New York, puis, une fois refoulé par les services d'immigration, de se terrer dans une cité minière du désert d'Atacama. Six mois plus tard, pendant l'été austral, l'*Acadia* le transportera de Tocopilla à Melbourne et à la fin de la Seconde Guerre mondiale (alors que l'*El-Biar*, coulé le 10 avril 1944 par une torpille allemande, repose depuis un an au fond de la Méditerranée) ses services dans la Marine lui offriront l'opportunité d'envisager une vie américaine.

« Les navires..., les navires..., il n'y a rien à dire sur les navires ; ce sont les hommes à leur bord... » : sans doute aurait-il approuvé la phrase du vieux marin chez Joseph Conrad. En voyant la rade de Marseille se dessiner, c'est en tout cas avec des sentiments mitigés qu'il s'apprête à descendre à terre.

De retour à Zurich, une vague de mélancolie le submerge. C'est l'automne suisse : l'herbe de la pelouse vibre sous les bourrasques, l'eau de pluie ruisselle sur les pommiers, en contrebas s'étend le miroir brisé du lac. Il vit ce retour comme un échec et le quotidien ne lui offre ni échappatoire ni consolation. À gauche et à droite on s'apprête à faire carrière, il a l'impression d'assister à une chorégraphie qui lui reste impénétrable. Tadzik, qui a soutenu une thèse en chimie organique, gagne sa vie en isolant les constituants volatils de l'arôme de café torréfié. Adam, après avoir obtenu son brevet d'avocat, a ouvert un cabinet. Tout le monde s'affaire, mais lui peine à trouver sa place.

D'autant que l'ambiance qui règne dans le chalet est restée inchangée. Des grappes de lilas penchent maintenant par-dessus la porte d'entrée, les bottes des pensionnaires qu'il a jadis dû cirer s'amoncellent toujours sous le porche. La cuisine baigne dans une odeur de pavot et de thé noir. La cheminée du poêle en fonte qui traverse les trois étages chauffe toutes les pièces, les phrases en allemand et en néerlandais se mêlent aux sonorités slaves. Des draps en lin s'empilent dans les armoires et les chambres des pensionnaires sentent la lavande et l'amidon.

Il constate également qu'il s'est éloigné de ses frères. Il ne le dit guère ouvertement, mais dans sa correspondance, son désintérêt pour sa fratrie est manifeste : il n'aime que Tadzik dont l'aisance l'impressionne. Tout ce que celui-ci entreprend finit par faire sens, ses réflexions sont inventives, élégantes et transparentes. Sa présence est rassurante et contrairement à Paul, il mène chacun de ses projets à son terme. Plus tard, Paul aura d'autres attachements, souvent improbables et toujours singuliers ; personne, en revanche, n'aura une présence aussi constante dans sa vie que Tadzik, l'aîné de ses frères.

Lorsque, à l'approche de Noël, et alors que l'afflux de voyageurs se fait sentir dans les pièces communes de la pension, le penchant de Paul pour la solitude prend le dessus et il décide de s'aménager une pièce au sous-sol. La chambre est adossée aux murs suintants de la cave à charbon, éclairée d'une seule ampoule nue et équipée de latrines qu'il cache sous un coffre en fer. La porte d'entrée, donnant sur la cave, est en bois de chêne.

C'est dans cette chambre, qui lui servira de refuge pour le reste de sa vie, que Paul prendra l'habitude de s'enfermer lors de ses rares séjours zurichois. Autant il a passé sa vie à fuir la maison, autant, dans sa vieillesse, elle semblait l'obséder, comme si elle formait un cercle magique dont il aurait tenté en vain de se libérer. Il s'y est rendu jusqu'à un âge avancé, s'assurant, par courrier lorsqu'il était loin, que le coin « sud-est » du chalet lui restait bien réservé et que personne ne s'avisait de lui disputer son espace.

Après sa mort, il fallut faire sauter le cadenas rouillé, fixé à un verrou qui renforçait la serrure, pour vider la pièce. Aujourd'hui, j'ai l'impression que cette chambre livrait peut-être le portrait le plus précis de Paul : la lumière filtrant à travers la petite lucarne a laissé une trace jaunâtre sur le papier peint, les tasses et la théière anglaise posée sur le réchaud dataient du couronnement de la reine Elisabeth. Face au lit étroit se trouvait une commode aux boutons en laiton, au-dessus trônait une photographie du mont Fuji, montée dans un cadre en bois sculpté.

Le matelas était si usé qu'il avait gardé l'empreinte de son corps. À côté, posé par terre, se trouvaient deux sacs en plastique blancs, renfermant des agendas remplis de rendez-vous médicaux, des cartes postales vierges, des reçus de vol de billets d'avion de la TWA et de la Swissair, une liasse de cartes de visite, une boîte de bougies « lumières de Hanouka », des dépliants touristiques du Japon, du Pérou et de la Yougoslavie, quelques factures ainsi qu'un livret de service datant d'avant-guerre.

II
URSS

Le 6 octobre 1932, Paul fait à nouveau face à une accusation de vol et le désaveu social est, cette fois-ci, définitif. Devant le tribunal, il est question d'« entreprise criminelle », rehaussant quelque peu la nature peu glorieuse des délits : vol à l'étalage, bris de glace, cambriolage. Les faits auraient été commis avec l'aide d'un « attardé mental » – un jeune gitan en voie de décrochage scolaire – et en collaboration avec Erna, une jeune femme mineure pour laquelle il semble éprouver quelque attirance : outre diverses cartouches de cigarettes et des bouteilles de cognac, le butin consiste en un sac à main et trois paires de bas de soie. Le couple frappe les esprits, peut-être les juges les ont-ils vus, un instant, emprunter la trajectoire de Clyde Barrow et Bonnie Parker, dont les exploits sanglants ont occupé les manchettes américaines l'été précédent.

Les sommes dérobées, près de deux mille francs suisses, sont, selon les aveux des protagonistes, essentiellement destinées à financer des projets à venir.

La presse, titrant avec une solide dose de mauvaise foi sur «la tragédie de l'enfant fortuné», s'interroge sur ce qui a pu conduire un jeune homme «ayant goûté aux richesses terrestres» à se retrouver au ban de la société. La famille baisse la tête, se réfugie dans la gêne et les non-dits. Pour sa mère, la condamnation de Paul à un an de prison et trois ans de perte des droits civiques équivaut à une marque au fer rouge.

Dans sa cellule de Regensdorf, après un moment de sidération, la vie de prisonnier commence à le tourmenter, le fardeau moral lui pèse toutefois moins que l'immobilité forcée : seul le souvenir du lent effacement de son père réussit à l'émouvoir. Il sait qu'il est censé éprouver une dette vis-à-vis de la société, mais il comprend aussi que le désespoir qui le saisit la nuit ne résulte pas de ses méfaits mais de la lancinante quête de soi, du froid dont il tente en vain de s'arracher.

Ses faiblesses et les contradictions de sa propre nature lui apparaissent maintenant dans une lumière nouvelle. Conscient que les émotions qu'il éprouve sont pour le moins paradoxales, il découvre que le pire dans sa misère est de toujours devoir répondre aux attentes des autres. Et que de sa solitude de prisonnier peut également résulter un étrange sentiment de liberté.

Fin mars, il prie Tadzik de lui apporter des fruits secs et une demi-livre de chocolat. Il lui demande aussi de se renseigner si, pour un ancien condamné qui souhaiterait émigrer, «l'Égypte pourrait être une option» et s'il pourrait lui avancer quelques francs suisses pour rafraîchir les semelles de ses bottes. Cinq mois plus tard, après avoir quitté la maison d'arrêt zurichoise, il met son violon au clou et, muni d'un «visa de prolétaire» accordé par l'ambassade soviétique de Berne, monte fin septembre 1933 dans un train en direction de Moscou.

Durant le trajet, ni les défilés des troupes de la SA à Berlin, qu'il a dû apercevoir, ni le génocide silencieux des paysans d'Ukraine, qu'il a pu ignorer, ne trouveront mention dans ses lettres. Plus tard, la police suisse s'étonnera qu'il ait pu émigrer si facilement en URSS et trouvera suspect qu'il se soit déclaré sans confession religieuse, «alors qu'auparavant, il avait été juif». Dans la capitale soviétique, il longe les eaux moirées de la Moskova, entend crisser les roues des tramways, salue la statue de Pouchkine. Sur le boulevard Tsverskoï, les rayons du soleil transpercent les feuillages dorés des tilleuls. La muraille du Kremlin lui apparaît comme un rempart contre le passé. Début octobre, il embarque à nouveau dans un train, le transsibérien, jusqu'à Sverdlovsk, puis prend une correspondance locale pour aller gagner sa vie dans l'usine de tracteurs de Tcheliabinsk.

La traversée des steppes lui donne le vertige. Les plaines vertes, piquetées de jaune et de violet, s'étendent jusqu'à l'horizon, le ciel réverbère le vide de l'espace, le paysage vallonné ressemble à un océan avant la tempête. Des chemins abandonnés, serpentant entre les eaux stagnantes, se perdent dans les fourrés et les sous-bois. Lors des courts arrêts dans les villes en province, des paysannes emmitouflées, coiffées de foulards colorés, se massent sur les quais pour vendre des tomates séchées et du poisson fumé. Dans les prairies à l'est de l'Oural se succèdent des forêts sombres, entourées de marécages, d'où s'échappent des oies cendrées et des corneilles. Le matin, des pans effilochés de brouillard enserrent les branches des pins et des bouleaux. Deux, trois fois par jour, les roues du train font vibrer les structures métalliques des ponts, enjambant des rivières indolentes qui s'écoulent vers le sud.

Après trois jours et trois nuits de voyage, Paul, engourdi par le roulis du train, descend à la gare de Tcheliabinsk, où le garde, portant une casquette en feutre ornée d'une étoile rouge, examine son contrat de travail avant de soulever la barrière. Ici, personne ne le connaît ; l'anonymat lui donne une assurance insoupçonnée. D'un pas ferme, il pénètre dans les ateliers monumentaux de l'usine de tracteurs, dont les chaînes de montage étincellent dans la lumière tamisée du hall d'assemblage.

Depuis que Lénine a défini le socialisme comme « le fruit de la rencontre entre les conseils d'ouvriers et l'électricité », Tcheliabinsk a vu fleurir les industries et les blocs d'habitation ont peu à peu remplacé les isbas des paysans. Le sol des environs est perforé à la recherche de charbon et la houille s'accumule sur les terrains sommairement défrichés. Les hauts-fourneaux fondent les minerais en provenance de la Sibérie orientale que les nouvelles connexions ferroviaires ont rendus accessibles. La nuit, les flammes vacillent et colorent les façades. Les boulevards, tracés au cordeau, se prolongent jusqu'à la lisière boueuse de la ville. Une forêt de cheminées s'élève derrière la façade néoclassique de l'opéra. Les jours sans vent, une cloche jaunâtre plonge les rues dans la pénombre et les émanations de soufre irritent les palais.

L'usine, qui vient d'être inaugurée, est le fruit d'une décision du Conseil du peuple et doit, en accord avec la collectivisation forcée, produire quarante mille tracteurs par an. C'est l'heure de la prolifération des kolkhozes, imposée au prix de la liquidation des koulaks. C'est aussi le moment où l'économie communiste se rapproche du modèle industriel développé par Henry Ford : le premier plan quinquennal conçu par Staline a pour but de doubler la production de machines agricoles et pour conséquence que le ministère décide d'engager les architectes du bureau d'Albert Kahn, réputés pour avoir transformé les usines d'automobiles de Détroit en berceau du fordisme conquérant.

En URSS, il faudra toutefois redimensionner les exploits de l'inventeur du «Ford Model-T», ce qui peut se résumer par : faire toujours plus vite et plus grand. En moins de quatre ans, hangars, fonderies, lignes de production, reliés par un réseau de tunnels, s'étalent sur un terrain gagné sur le sol humide entre étangs et marais. Les bielles et les pistons des moteurs proviennent d'une manufacture de Frounzé, et afin de soulager la balance commerciale, une raffinerie de cuivre est sortie de terre au bord du lac Balkhach. Lorsque, le 15 mai 1933, les premiers tracteurs à chenille, les *stalinet-60,* émergent de la pénombre des ateliers, les efforts pour rendre le pays «indépendant des caprices du capitalisme mondial» commencent à porter leurs fruits : les tracteurs s'avèrent si indestructibles qu'ils pourront facilement être convertis, huit ans plus tard, en tanks.

Les premiers mois passés à Tcheliabinsk apportent à Paul une accalmie inespérée. C'est au détour d'une phrase insérée dans une lettre consacrée par ailleurs à la découverte des idiosyncrasies du quotidien socialiste que Tadzik apprend que son frère entretient une relation avec une jeune ouvrière du service du matin. Tella a vingt ans et vient d'un village enneigé du sud-est des contreforts de l'Oural. Elle a une démarche sautillante et de petites mains. Séduit par le regard légèrement voilé qu'il croise dans la cantine de l'atelier de montage, Paul interprète son insolence et son sens de la repartie comme un signe d'intérêt de sa part. De son côté, Tella est touchée par sa gestuelle maladroite et décide, le lendemain, de l'attendre afin qu'ils puissent franchir ensemble le portail en acier de l'usine. Quand elle enlève le foulard qui enserre ses cheveux, ses mèches luisent dans la bruine. Pour la première fois depuis qu'il a quitté les rives du lac de Zurich, il se surprend à penser qu'il pourrait s'accommoder d'une existence casanière.

Pendant deux mois, il est employé à tester les tracteurs sur le banc d'essai des moteurs ; par la suite, il sera muté au département de construction. Quand le plan le requiert, il travaille aussi la nuit. Paul n'est pas un observateur attentif, mais il comprend vite que la pensée magique du bureau politique tarde à prendre forme dans la ville sibérienne. Rapidement, il apprend également que l'optimisme et la foi en la politique sont de rigueur. Il s'habitue à faire la queue des heures durant devant les étals vides des épiceries et se résigne à choisir ses lectures en fonction des décisions de la censure et de la gestion erratique des stocks.

Lorsque la fin de l'été approche, il passe quatre semaines à tenter de remplacer la poignée de porte qui s'est cassée lors de leur emménagement dans l'appartement, six pour trouver le bouchon de la baignoire qui manque. Parfois, le manque d'équipement de base affecte même le rendement de l'usine. Dans un courrier du 22 octobre 1933, il prie son frère de lui envoyer « deux douzaines de crayons à papier de différents types de dureté, une règle permettant de calculer les puissances fractionnaires, une vingtaine de gommes et quelques pistolets à dessin » qui pourraient grandement l'aider dans l'exercice de sa profession. Par ailleurs, il ne serait pas mécontent de voir également arriver « un petit appareil de photo ainsi que des rouleaux de pellicule », un pull et une nouvelle paire de chaussures.

Néanmoins, son couple semble fonctionner, au moins Paul et Tella finissent-ils, chacun à sa façon, par trouver leur place dans l'espace de la vie commune. Paul est sûr de ses sentiments et constate, soulagé, qu'il sait faire face aux émotions de sa femme. Il aime sa voix d'argent et si ses propres angoisses ne s'apaisent pas, la présence de Tella le rassure et sa placidité réussit à contenir son inquiétude qui le ronge. Lors de ses insomnies, le rythme régulier de la respiration de Tella allège ses pensées. S'il a des doutes, il les garde pour lui.

Même à deux – à trois, si on compte sa belle-mère qui s'installe sporadiquement dans l'appartement – la vie en province soviétique est rarement gaie. La salle de cinéma projette les actualités, suivies de documentaires saluant la résilience du peuple russe, mais au restaurant, une salle rectangulaire carrelée où prédominent les nappes plissées, ils trouvent la plupart du temps porte close. Le piano de la salle communale, une construction brutaliste ornée de banderoles rouges et de slogans à la gloire du parti, est désaccordé. Seul l'opéra, qui programme les œuvres de Rimski-Korsakov et d'Alexandre Borodine, permet de croire que le pays maintient encore quelques liens avec le passé.

Lorsque la première rosée blanchit les bords de la rivière, Paul se rend compte qu'il aura bientôt besoin d'un manteau avec doublure et écrit à son frère dans l'espoir de pouvoir contourner les pénuries d'approvisionnement. Il mesure chaque jour un peu plus à quel point l'économie socialiste se révèle impuissante à lutter contre l'inflation. L'introduction du rouble or elle-même n'engendre pas l'effet escompté : une paire de chaussures, calcule-t-il, lui coûte déjà cinq roubles, un kilo de beurre quatre-vingt-dix kopecks. Un voyage à Moscou – il le découvre lorsqu'une vieille infection se réveille et qu'il a besoin de consulter un spécialiste – équivaut dorénavant à près d'un mois de salaire.

Avec l'arrivée de l'hiver, Paul éprouve à nouveau l'impression de perdre toute sensation d'appartenance. Étouffée par les masses de neige, la vie stagne, le vent fouette les rues et polit la glace qui recouvre les lacs. Il subit la monotonie, craint le spectre du temps perdu.

En décembre, il demande à être transféré dans l'atelier où sont conçus les nouveaux moteurs, mais découvre que son travail consistera surtout à copier des brevets américains. Un instant, il s'imagine un avenir en tant que pilote, mais apprend que pour passer le diplôme d'aviateur, il lui faudrait demander la nationalité soviétique. Dans sa lettre de vœux de Nouvel An, il prie à son frère de lui envoyer quelques pages récentes du quotidien *Neue Zürcher Zeitung* : surpris, il se sent submergé de nostalgie et constate que les nouvelles en provenance de Suisse lui manquent.

En février 1934, le jour où ils découvrent que Tella est enceinte ils se rendent à nouveau à Moscou, cette fois pour y rester. Paul se fait embaucher dans l'usine de la société automobile moscovite qui, comme il l'écrit non sans fierté, « assemble quotidiennement soixante-dix camions et autobus ». Depuis les années trente, la ville s'est mise au diapason de la politique, les boulevards sont élargis, les rues sentent la chaux et des milliers d'ouvriers creusent les tunnels du

métro. La cathédrale du Christ Sauveur est rasée et le manque de logements est tel qu'ils doivent s'estimer heureux de pouvoir s'installer, en compagnie d'une jeune mère et d'un nouveau-né, dans une chambre brinquebalante sous le talus d'une ligne de chemin de fer.

Quatre mois plus tard, le 20 juin, Paul assiste, ébloui, à la cérémonie d'accueil que le Kremlin organise en honneur des survivants du brise-glace *Tcheliouskine*, dont le sauvetage a tenu en haleine la population soviétique. Le vapeur, conçu pour traverser l'océan Arctique sans devoir hiverner dans les glaces, avait quitté la rade de Léningrad le 16 mai de l'année précédente pour se rendre à Vladivostok. Retardé par une avarie, l'équipage s'était fait surprendre le 4 novembre par le gel dans le détroit de Béring. La coque broyée par la banquise, le navire a coulé après une dérive de plus de trois mois et de trois mille milles nautiques, au nord de l'île Kolioutchine.

Grâce au sang-froid du capitaine, seul un des cent onze passagers meurt, écrasé sous le poids d'une partie de la cargaison. Un matin, après la construction, dans la nuit arctique et à des températures polaires, d'un camp de fortune, les naufragés voient le Tupolev TB-1 du pilote militaire Anatoli Liapidevski scintiller dans le ciel. Dans un premier temps, les survivants sont évacués sur la péninsule Tchouktche, mais à la fin de l'hiver, les membres de l'expédition peuvent entamer la longue traversée de la Sibérie. À Moscou, les rescapés sont reçus avec des fleurs et des banderoles. Marina Tvestaïeva composera une ode de neuf strophes en hommage aux héros. Des drapeaux rouges pavoisent les rues, une fanfare, escortée par un régiment de soldats, accompagne le cortège.

« La veille, un glacier artificiel, construit à l'aide d'une structure en contreplaqué couvert d'un tissu blanc, a été érigé sur la place Rouge », écrit Paul, « au-dessus du glacier trône la réplique du navire. Toute la ville est décorée de messages de bienvenue et de lampions. À 6 heures, une manifestation comparable à celles organisées le 1er Mai ou pour les festivités d'octobre a défilé sur la place. Flanqués de Staline, Kalinine, Gorki et d'autres sommités du gouvernement, les "tcheliouskiens" sont montés sur le mausolée de Lénine. Les coups de canon tirés depuis la cour du Kremlin ont fait éclater les vitres du voisinage. » À la fin de la cérémonie, ajoute-t-il, « les avions de chasse de l'armée de l'air ont survolé la ville, suivis du *Maxime-Gorki*, l'appareil géant qui possède huit moteurs et peut transporter jusqu'à soixante-seize passagers. »

Ilya Ehrenbourg, qui s'est lui aussi mêlé à la foule sur la place Rouge, notera dans ses mémoires que les survivants du *Tcheliouskine* lui ont confié avoir lu « à haute voix des poèmes de Pouchkine sur la banquise afin de se donner mutuellement du courage » et se dit qu'il est impossible pour un écrivain « de prendre connaissance de telles confessions sans être profondément ému». Quant à l'assertion d'Ehrenbourg selon laquelle l'année 1934 aurait été «l'année des actes héroïques», il n'est pas sûr que Paul eût entièrement partagé son avis. Le gouffre entre l'optimisme affiché par le parti et la précarité de son quotidien finit par l'épuiser. Fin juin, il obtient un emploi sur le chantier du métro, dont les dimensions pharaoniques

le subjuguent. Aussitôt, il pousse la porte d'un studio photographique, puis envoie une série de prises couleur sépia de Tella à sa famille : la lumière rasante souligne ses pommettes hautes, ses yeux ambrés fixent l'objectif, son regard, moqueur, trahit une espièglerie non dénuée de charme.

L'été 1934, le régime n'est pas encore entré dans ce qu'Anna Akhmatova appellera «sa phase carnivore» :

Boris Barnet a pu tourner *Le faubourg*, une évocation élégiaque de la Russie prérévolutionnaire, les opéras jouent toujours *Lady Macbeth de Mtsensk* de Chostakovitch (ce n'est que le 28 janvier 1936 que la *Pravda* publiera un éditorial intitulé « le chaos remplace la musique », condamnant le compositeur virtuellement à mort). Le marbre et les néons envahissent le centre-ville, et comme la folie des grandeurs ne connaît plus aucune limite, Boris Iofan, le Bernin de Staline, peut commencer à dessiner les crénelures du « palais des Soviets ».

Dans les rues de Moscou, le regard fiévreux des mendiants se fait plus insistant, mais Paul ne perçoit ni la famine qui commence à atteindre la capitale, ni le silence qui s'abat sur les queues qui se forment devant les magasins et les arrêts du tramway. La fragilité même de sa propre situation semble lui échapper, tout au plus note-t-il que la sous-nutrition complique la grossesse de Tella : soucieux pour la santé de l'enfant, la gynécologue leur conseille de se rendre dès l'accouchement pour deux ou trois mois au bord de la mer Noire, « où la terre est plus fertile, et le soleil, plus clément ».

Malgré l'alerte des médecins, rien ne semble pouvoir entamer son optimisme. Paul vient de rattraper, en cours du soir, son « baccalauréat soviétique » (il a été dispensé de l'examen portant sur la littérature russe) et un professeur particulier l'a aidé à se familiariser avec les détails byzantins de « l'histoire du parti communiste ». Il écrit à son frère qu'il envisage aussi de reprendre ses études de physique : réaliste quant aux opportunités qui s'ouvrent à lui en tant qu'étranger, il mise sur une carrière comme correspondant technique pour des revues spécialisées.

La ville se transforme à toute vitesse, s'enthousiasme-t-il, les tilleuls qui longent les allées cèdent aux pelleteuses et dans dix ans, « la pénurie de logements devrait être résorbée ». À l'approche de la naissance de l'enfant, ils s'installent, en raison de la saturation des hôpitaux, chez des amis dans un village de l'Oural. Le 22 septembre, un mois avant terme, Tella perd les eaux, et le lendemain, ils choisissent d'appeler leur fils, et les raisons de ce choix resteront leur secret, Adolphe.

Il y a des limites à la représentation : elles sont certainement d'ordre linguistique et historique, mais dans le cas de l'URSS, elles sont aussi dues à la géographie, conséquence de la démesure du territoire russe. Kafka, dans son *Journal*, a tenté de saisir le pouvoir d'attraction de la Russie en évoquant l'image d'un « grand fleuve étendant à perte de vue des eaux jaunes qui envoient des vagues partout ». Rien, ajoute-t-il, « ne peut saisir tout cela, tout l'efface au contraire ». Pour Paul, au cours de son séjour, cette étendue se transformera subrepticement en un puits sans fond.

Le 1er décembre 1934, Léningrad résonne du coup de feu tiré dans la nuque de Sergueï Kirov, et dans les mois qui suivent, le parti se lance dans une répression féroce. Kirov est un dirigeant bolchevique, un compagnon de la première heure, et son assassinat, inexpliqué officiellement, est un affront pour la machine bien huilée de la terreur. Seul Staline s'arroge le privilège d'éliminer ses opposants, et transgresser ses prérogatives constitue un crime de lèse-majesté. (Kirov jouissait d'une popularité exceptionnelle au Parti, mais la thèse selon laquelle il aurait été tué sur ordre du Kremlin ne manque pas non plus de crédibilité : sa mort survient le jour même où Staline signe deux nouvelles lois autorisant le NKVD, la police secrète, à arrêter toute personne susceptible de planifier des actes terroristes, de condamner les suspects sans assistance juridique et de les exécuter en l'espace de vingt-quatre heures).

Deux semaines après la mort de Kirov, l'arrestation de Lev Kamenev et de Grigori Zinoviev (pour « complicité morale »), sonne la fin de la normalisation postrévolutionnaire. Les accusations contre les ennemis du peuple se répandent, la méfiance se généralise, les services de police rivalisent de zèle, c'est à qui arrêtera le plus d'opposants. Le saboteur devient la figure clé pour expliquer les failles du système, et bientôt, des citoyens d'origine allemande ou polonaise, de même que les « éléments socialement étrangers », disparaîtront en silence dans les couloirs de la Loubianka ou seront escortés vers leur lieu de bannissement.

La vague d'arrestations emporte Lev Goumiliov, le fils d'Anna Akhmatova ; Ossip Mandelstam, un temps placé sous la protection de Boukharine, gagne miraculeusement quatre années de survie en exil à Voronej avant de mourir en déportation dans un camp de transit près de Vladivostok. Les dénonciations font des ravages, l'autocritique devient une figure imposée avant de déboucher, en règle générale, sur un arrêt de mort. L'espace privé se trouve aboli, la vie publique est anesthésiée et un mot, chuchoté ou entendu, peut entraîner des conséquences fatales. Deux ans avant l'ouverture des spectaculaires procès de Moscou, la population russe a déjà la corde au cou.

Paul traverse ces années comme piégé dans un palais des glaces. La terreur qui enserre la ville est encore indolore pour les étrangers engagés, tout au plus Paul constate-t-il que les conditions de vie des travailleurs détachés se détériorent de jour en jour. Les visas ne sont plus renouvelés qu'au compte-gouttes, la pression des autorités pour prendre la nationalité soviétique devient plus insistante. Seuls les magasins *Torgsin,* la principale source d'approvisionnement des Européens et des Américains, qui échangent, contre devises, des denrées inexistantes sur les étals de Moscou, lui permettent un temps de maintenir l'illusion d'un quotidien ordinaire : les vendeurs y proposent des vêtements et des souliers, mais aussi des icones, des croix byzantines et l'argenterie de la noblesse déchue. Jusqu'aux ouvrages provenant de la bibliothèque impériale de Tsarskoïe Selo qui s'y alignent sur les étagères.

Si Paul ne se fait pas d'illusions quant à sa nouvelle patrie, il n'estime pas devoir prendre position pour autant. Et préfère subir les privations en haussant les épaules. Il sait reconnaître les villages de Potemkine et note la suffisance des dignitaires du parti, mais ne se montre jamais révolté. Indifférent aux chants de sirène de la propagande, Paul protestera, outré, lorsque, vingt-cinq ans plus tard, l'administration américaine lui demandera s'il a été, au temps de ses années passées en URSS, un *commie-sympathizer*, un sympathisant du communisme. Mais la posture de l'accusateur lui est tout aussi étrangère. Le régime avec lequel il doit composer chaque jour ne le concerne pas, des notions comme l'appartenance ou la loyauté – que ce soit face à l'État ou à l'égard de la population – ne feront jamais partie de son vocabulaire.

Ce n'est que lorsqu'il se sent acculé qu'il échafaude des plans pour partir. Mi-octobre 1934, Tella et lui doivent rendre leur chambre et dans un premier temps, il demande à son frère de lui transférer plusieurs centaines de francs suisses, ce qui lui permettrait d'acheter une cabane, « récemment construite dans une banlieue lointaine de la capitale sur le toit d'une maison en bois », à vingt-cinq kilomètres de la place Rouge. Plus tard, en lisant les annonces parues dans un exemplaire de la *Neue Zürcher Zeitung* dans lequel sa mère a enroulé une paire de gants, il apprend que l'Amérique latine ouvre ses frontières aux travailleurs étrangers et presse immédiatement sa famille de lui faire parvenir des informations plus précises.

Son enthousiasme semble cependant s'être érodé au fil des jours, dans l'attente d'une réponse. Physiquement aussi, il accuse le coup. En janvier 1935, une intoxication alimentaire, due peut-être à un poisson avarié, le cloue au lit ; un mois plus tard, c'est une jaunisse qui l'oblige à passer trois semaines entre les murs suintants d'un hôpital. Mis au régime, nourri de pommes de terre sans sel et de choux au vinaigre, il maigrit à vue d'œil, et ne peut avaler que quelques gorgées de thé brûlant. Désemparée, Tella se réfugie avec leur fils à la campagne, à vingt heures de Moscou, dans un village paralysé par la neige.

À la fin du printemps, de façon inespérée, la porte vers le sud s'ouvre : on lui propose de participer à une expédition dans les montagnes du Caucase. Dès son rétablissement, il parcourt les caves de Moscou à la recherche de l'équipement nécessaire, puis écrit une fois de plus à son frère pour lui demander de lui envoyer «plusieurs paires de chaussettes chaudes, un pantalon de ski, des chaussures d'escalade ainsi que des crampons et un piolet». Ils seront huit alpinistes, l'informe-t-il, le groupe inclut un Allemand et un Suédois, deux représentants de nations ayant une tradition de montagne avérée.

C'est à cette occasion que Paul découvre que la Suisse a plutôt bonne presse dans le milieu des alpinistes soviétiques : Lorenz Saladin, un communiste du canton de Soleure qui a traversé les massifs andins avant de parcourir les États-Unis comme plongeur et veilleur de nuit, s'est distingué les années précédentes en escaladant plusieurs pics de la chaîne de montagnes qui sépare la Russie de la Géorgie. Son adhésion au parti du travail suisse, fruit de son séjour américain, a convaincu le Komsomol d'appuyer sa demande de visa. Lorsqu'il effectue, en 1934, un drapeau rouge à la main, la première ascension du Mizhirgi, les autorités comprennent que la conquête des sommets pourrait aussi se monnayer d'un point de vue politique.

Il suffit que Paul pénètre dans la gare de Kazan pour qu'il oublie son travail exténuant dans les ateliers et se mue en voyageur. Dès qu'il s'installe dans le compartiment et voit le paysage défiler derrière les rideaux cramoisis, son existence prend à nouveau un sens. Après un passage par Rostov, le train traverse l'embouchure du Don, puis s'arrête, quatre jours plus tard, à Naltchik. Le temps est mauvais, les camions qui transportent les alpinistes vers les contreforts du massif s'embourbent dans la terre argileuse. Ce n'est que le lendemain, lorsque les nuages se dissolvent, qu'il découvre les masses neigeuses qui s'élèvent à l'horizon.

Il compte passer quarante-cinq jours dans les montagnes, a-t-il écrit à son frère avant le départ, et dans une tentative de le persuader de faire le voyage avec lui, c'est tout un pan de la topographie exotique du Caucase qu'il fait résonner dans son courrier : ses camarades et lui prévoient de franchir le glacier de Besinghi pour installer le camp de base sur l'alpe de Misses-Koch ; de là, ils envisagent d'entreprendre l'ascension de trois sommets qui culminent tous à plus de cinq mille mètres. « Ensuite, nous traverserons la chaîne glacière centrale et monterons sur l'Ailama. La descente se fera par la chaîne de Svaneti, de là nous tenterons d'atteindre le Tetnouldi. Après la traversée du glacier, nous descendrons la vallée du Tcherek et retournerons en voiture à Naltchik. » Si Tadzik venait le rejoindre, l'expédition et le vol aller ne lui coûteraient qu'environ deux cent cinquante francs suisses, écrit-il : quant au vol retour, « tu pourrais le régler en roubles ».

Son frère décline cependant l'invitation. Il a fondé une famille, ses recherches le projettent au cœur de l'innovation académique. Ses travaux sur une mouche du vinaigre, de la famille des *drosophila melanagaster*, lui ont permis de transformer le sorbitol en cristaux de sorbose. Il vient de faire breveter son procédé qui ouvre la voie à la production d'une synthèse chimique de la vitamine C, ses travaux ont suscité l'intérêt de l'industrie pharmaceutique et l'Académie commence à le solliciter. Il est impatient de se tourner vers de nouveaux horizons scientifiques, et préfère consacrer ses rares moments libres à sa femme et se pencher, le soir, sur le berceau de sa fille de deux ans. En dehors de ses obligations dues à sa fonction, il mène une vie sédentaire.

Alors que Tadzik étudie le cortex des glandes surrénales, Paul et les autres expéditionnaires parcourent les vallées à cheval. À mesure qu'ils gagnent en altitude, l'expédition prend des allures de révélation : après avoir traversé des forêts de sapins et longé les parois des glaciers, ils bivouaquent trois jours durant, le temps que le brouillard épais qui recouvre les crevasses se lève. Le jour du départ de leur campement de fortune, des aigles tracent des cercles au-dessus des sommets. La neige ramollie sous le soleil de juin les ralentit, la nuit tombée, ils installent leurs tentes sur une moraine verdoyante.

De Virgile à Jules Verne, les témoignages de la fascination de l'Europe pour le Caucase sont légion. Les auteurs russes eux-mêmes se sont laissé séduire, à l'image de Pouchkine, qui s'y console de sa condamnation à l'exil. Parfois, l'éblouissement va jusqu'à l'aveu de perplexité : « Je venais en poste de Tiflis », écrit Lermontov, « tout le chargement de ma voiture consistait en une valise à moitié pleine de notes de voyage sur la Géorgie. Heureusement pour vous, la plus grande partie de ces manuscrits est perdue, heureusement pour moi, j'ai conservé la valise avec les autres objets qu'elle contenait. »

Mais ces sentiments ne sont pas toujours réciproques. Depuis la construction, par l'armée russe, de la voie militaire reliant Vladikavkaz à Tbilissi, l'histoire de la Géorgie pourrait se résumer en un refus obstiné des invasions successives : la ligne sinueuse de la route, empruntée autrefois par les marchands et les contrebandiers, a permis aux soldats de Catherine II de coloniser le Caucase, puis à Lénine d'y implanter les rudiments de la science marxiste.

Dans le vacuum des premières années de la révolution d'octobre, la Géorgie réussit à se constituer en une éphémère République indépendante qui, cédant aux assauts de l'Armée rouge, s'est dissoute dès 1922 dans la République socialiste fédérative soviétique de Transcaucasie. Sous le règne de Staline et de Beria, originaires tous les deux du Caucase, Moscou boit du vin sucré en hommage à leur pays natal et les rives de la mer Noire deviennent un lieu de villégiature prisé par l'intelligentsia bolchevique. L'invasion, en 2008, de l'Abkhazie et de l'Ossétie du Nord par les troupes de Poutine ne fait de ce point de vue que souligner une certaine constance, tout comme le centre-ville de Tbilissi, où les bâtisses néo-Renaissance de l'Empire alternent avec le brutalisme soviétique.

Mais Paul ne remarque ni les convois militaires ni les éloges fleuris formulés par les courtisans du « montagnard du Kremlin ». Le matin, il entend le givre craquer sous ses bottes, et voit les sommets enneigés se colorer d'un lilas flamboyant. Des chèvres sauvages broutent sur les pentes, les silhouettes tranchantes des arêtes effilées s'adoucissent dans la brume. Le groupe traverse des torrents qui charrient des pierres, les éboulements provoquent des colonnes de poussière qui se dissolvent dans le vent. Lorsqu'il descend vers le village d'Ushguli, il aperçoit la silhouette anthracite de l'église de Lamaria qui se dessine devant les glaciers du mont Chkhara.

Malgré son peu d'appétence pour les doctrines du matérialisme historique, le parti apprécie sa présence, et l'année suivante, Paul est nommé instructeur et se voit chargé d'accompagner une expédition dans la région de l'Altaï. Il faut former une centaine d'alpinistes, de nombreux sommets de la région restent invaincus et attendent d'être nommés à la gloire d'un mandarin de l'Union soviétique. Mi-juin, il reprend le train, passe cette fois-ci par Omsk et Novosibirsk. Au bout de trois jours de voyage, près de la frontière mongole, l'horizon semble épouser la courbe de la Terre et les steppes prennent un ton délavé. À partir de Biisk, c'est à cheval qu'il escalade les « Alpes » de Tchouisk, dont les vallées sont couvertes d'edelweiss en fleurs. Son salaire s'élève alors à deux mille roubles.

Pendant l'été 1936, il passe six semaines à marcher, photographier, enseigner les rudiments de la technique alpiniste. En juillet, le groupe installe son camp de base sur un haut plateau, où des nomades leur vendent des moutons ainsi que du lait fermenté. Paul écrit à son frère qu'ils ont effectué deux premières ascensions, les deux, plutôt difficiles, par mauvais temps. « Même un opérateur de cinéma accompagne l'expédition », ajoute-t-il. Lui-même a besoin de papier photographique pour développer les images, de préférence de format 13x18, de gradation normale et dure, mais il voudrait que Tadzik le lui envoie à Moscou, car les services postaux de l'Altaï laissent à désirer : « Il faut voyager deux jours à cheval ou à dos de chameau, puis trouver un camion pour arriver à la première gare de chemin de fer, distante de cinq cents kilomètres. »

À la fin de son contrat, son engagement lui vaut d'être bien noté et il est récompensé : avec quatre autres instructeurs, il est autorisé à entreprendre un voyage à cheval, quinze jours durant « aux frais de l'État », au cours duquel il traversera des forêts de pins et se baignera dans les sources chaudes qui constellent les prairies. Au-delà des chaînes montagneuses il tente de deviner les massifs de la Bouriatie et le lac Baïkal. De retour à Biisk, il remonte dans le train, espérant être à Moscou le 1er septembre.

Une fois arrivé à la gare de Novosibirsk, Paul change cependant d'idée et descend à quai. Le train suivant le conduit, via Alma-Ata, à Tachkent. Dans le sud, l'été s'étire, les vergers des villages ploient sous le poids des pommes et des abricots. Sur les marchés de Frounze, il voit des femmes coiffées de tresses portant des bracelets en argent battu. Des herbes hautes longent les canaux d'irrigation, la ligne de crête des montagnes du Kirghizistan étincelle d'un blanc immaculé. Il décide de visiter Samarcande, longe la mer Caspienne, puis arrive, le visage brûlé par le soleil, début octobre à Tbilissi, où il se fait engager comme mécanicien dans une usine de machines-outils. Le 13 octobre, il écrit à Tadzik pour lui dire qu'il a appris la mort de Lorenz Saladin, décédé apparemment « lors de l'ascension du Khan Tengri, un sommet de 7200 mètres dans la région du Tian Shan, dans les contreforts de l'Himalaya ». Tella et l'enfant, ajoute-t-il, sont à nouveau dans la capitale, mais ne tarderont pas à le rejoindre. Le 4 novembre, il écrit à nouveau à son frère, cette fois-ci pour le prier de lui envoyer une « machine à écrire à quatre rangées et, si possible, équipée d'un grand chariot, de style Underwood ».

À son retour à Moscou, l'horizon se brouille à nouveau. Paul se retrouve aussitôt cerné de problèmes et de soucis administratifs qui ont déjà couvé une bonne partie de l'année précédente. Lorsque, fin 1935, Tella avait tenté d'obtenir une autorisation pour effectuer une sortie provisoire du territoire, un fonctionnaire imaginatif lui a laissé un mois pour émigrer définitivement, puis, ce délai passé, confisqué ses documents pour ne les lui rendre qu'à condition qu'elle s'engage à ne plus jamais tenter de quitter le territoire de l'Union. Paul de son côté hésite toujours à devenir citoyen de l'URSS : s'il pressent que son visa ne sera probablement plus prolongé, il sait également qu'une naturalisation le priverait de toute possibilité de sortir du pays.

D'autant que les signes s'amoncellent au point que lui-même doit comprendre que le vent est en train de tourner. Un an auparavant, il estimait encore que l'Union soviétique était en train de devenir « le pays du futur », mais dorénavant, la cécité n'est plus une option. Au mois d'août 1936, la Maison des Syndicats a servi de décor au premier des grands procès de Moscou, à l'issue duquel l'ensemble des accusés, dont Kamenev et Zinoviev, croupissant dans une cellule de la Loubianka, ont été déclarés coupables de terrorisme et de sabotage et fusillés par le NKVD.

Mi-novembre, Paul se rend en Suisse pour sonder les possibilités d'un éventuel retour, mais le 10 décembre, il apprend que Tella est arrêtée et emprisonnée. Aussitôt, il craint qu'elle soit déportée, voire menacée d'exécution, et passe un mois terré dans sa chambre zurichoise à imaginer sa femme assise dans une pièce nue, les cheveux défaits et l'air hagard, interrogée par des hommes en uniforme. Mi-janvier 1937, il se rend à Berne pour mobiliser le département des affaires étrangères. Lorsque les fonctionnaires arguent qu'ils ne peuvent rien pour une personne de nationalité étrangère, il s'adresse à la Croix-Rouge dans l'espoir d'obtenir un signe de vie de sa femme.

Le début des purges staliniennes, largement couvert par la presse, lui rappelle, s'il en était besoin, que sa peur n'est guère infondée : le 30 janvier, la *Neue Zürcher Zeitung* consacre sa une au « procès en sorcellerie » organisé à Moscou, parle d'« inquisition » et souligne à quel point les accusés sont aliénés lorsqu'ils prétendent que les interrogatoires « se seraient déroulés dans une ambiance parfaitement aimable ».

Le second des procès moscovites, orchestré pour contrer un supposé complot d'agitateurs antisoviétiques, conduit comme le premier à l'exécution de la plupart des condamnés. Quelques semaines plus tard, Staline obtient la tête de Boukharine, l'un des derniers compagnons historiques de Lénine et ancien rédacteur de la *Pravda.* Avec les purges entamées au début de l'hiver, des centaines de milliers de saboteurs et d'ennemis du peuple sont déportés et exécutés dans l'indifférence générale ; la presse lance des campagnes contre les « bandes de trotskistes, les restaurateurs du capitalisme » et les traîtres. Souvent, il suffit d'avoir des liens familiaux avec l'étranger pour figurer sur la liste des suspects potentiels.

Au regard de cette vague de terreur, il lui semble miraculeux que Tella s'en soit finalement tirée à bon compte : mi-mars, il apprend qu'elle a été libérée, de façon aussi inopinée qu'elle avait été jetée en prison. Face à l'impossibilité de retourner en URSS – son « comportement stupide », comme lui a signifié, sans donner plus de détails, un fonctionnaire placide du Département fédéral des Affaires étrangères de Berne, lui a valu le soupçon d'être un agent au service d'un pouvoir étranger – Paul décide de solliciter l'aide d'un certain Greutmann, un ingénieur suisse qu'il avait croisé dans une usine moscovite et qui s'avère suffisamment bien introduit pour posséder une étude à deux pas de la place Rouge. Dans un premier temps, Greutmann estime exagérées les craintes que Paul nourrit à l'égard de l'avenir de sa femme, mais lorsque son chauffeur ainsi qu'une de ses employées se font arrêter à leur tour, il s'empresse de quitter l'URSS. Avant de monter dans le train, il rend toutefois une dernière visite à Tella : la femme de Paul, note-t-il, souffre de fièvres et n'a pas « de quoi s'acheter un timbre-poste » ; le petit garçon est pâle et souffre de malnutrition, « mais se porte bien ».

Après son retour en Suisse, la trace des déplacements de Paul se fait plus ténue : comme il se trouve près de sa famille, sa correspondance devient plus sporadique et plus allusive. C'est par une carte postale de la tour Eiffel qu'il signale à son frère qu'il s'est rendu fin mars à Paris : suivant une de ces intuitions dont il a le secret, il envisage d'y acheter du tweed anglais au mètre afin d'en faire commerce à Moscou. Un coupon de trois mètres coûterait 435 francs français et pourrait rapporter jusqu'à 700 roubles, a-t-il entendu dire. Son vieux caprice d'exporter des « montres suisses bon marché », maintes fois annoncé et toujours remis au lendemain, refait aussi brièvement surface, mais la possibilité de transférer de l'argent ou des biens en URSS semble de plus en plus compromise.

Après un an de silence, c'est, en 1938, en tant que patient d'analyse qu'il réapparaît. Un matin, après qu'il s'est effondré, la famille tient à ce qu'il s'allonge sur le divan d'un certain Dr. Knoll, à raison d'une séance d'une heure par jour. Paul ne s'y oppose pas, se laisse faire et finit par devenir ce que son analyste craint être un « cas désespéré » : dans les comptes rendus du médecin, il apparaît tantôt comme catatonique, tantôt comme apathique.

Lui-même ne se reconnaît plus, il sait seulement qu'il se trouve au mauvais endroit. Son monde s'est fissuré en silence, il est devenu un étranger, autant pour les autres que pour lui-même. Au fil des mois, la famille se met à douter de l'efficacité du traitement et espace les séances chez le Dr Knoll : l'objectif de l'analyse – le mettre sur le chemin de l'autonomie – semble compromis, tant s'affirme son refus de participer au processus de guérison.

En avril 1939, il se dégage définitivement du gant de velours de la psychanalyse et traverse la France pour embarquer au Havre. À Paris, Paul se rend au consulat américain pour se renseigner sur les modalités d'immigration, puis, découragé par les files d'attente, décide qu'il légalisera sa situation sur place. Vis-à-vis de sa famille, abasourdie par son manque de constance, il affirme croire en ses chances : s'il se fait refouler, argumente-t-il dans sa lettre d'adieu, il tentera de s'installer au Mexique, au Canada ou encore à Cuba. Et au cas où quelqu'un voudrait le joindre, son adresse sera, « jusqu'au 6 avril à 11 heures du soir : Le Havre, American Express Office ». Ce délai passé, on pourra lui écrire à l'American Express Office situé au « 605 Fifth Avenue à New York ».

III
L'OCÉAN PACIFIQUE

Paul ne se prononcera jamais sur ce sujet, mais pour Tadzik, le départ de son frère signe un échec patent : la famille aurait dû être plus à l'écoute de ses tourments. Mais il est vrai qu'à la fin des années trente, la voix de Paul n'est guère audible : la pension Reichstein a l'attention tournée vers le nord, la propagande publiée à Berlin paralyse toute pensée, au point que le bruit du temps réussit même à couvrir l'exégèse des écrits de Jung. Après l'annexion de l'Autriche, la région des Sudètes alimente à son tour la rhétorique allemande et ne cesse d'occuper les titres des journaux. En avril 1938, pressé de « résoudre la question de l'espace vital allemand », Hitler annonce et prépare une action militaire destinée à anéantir la République tchécoslovaque voisine ; les casernes voient affluer les soldats, la France et l'Angleterre tergiversent, bientôt, c'est la lâcheté des accords de Munich.

À Zurich, les étrangers originaires de l'Europe centrale observent le naufrage de la diplomatie avec attention et des sentiments mitigés. La vie est sauve, mais on vit un présent suspendu et voit l'horizon se rétrécir. Aux lois de Nuremberg s'ajoute l'occupation militaire, rendant tout retour inenvisageable. Le séjour se transforme en exil, aboutissant successivement à des périodes d'attente, d'incertitude, puis d'enfermement. Quelques années plus tard, le gouvernement suisse inventera l'image de la « barque pleine » pour justifier la fermeture des frontières. L'avenir est vertigineux et le passé a disparu : l'Europe familière – celle de Joseph Roth et de Stefan Zweig, de Kurt Tucholsky et de Karl Kraus – vient de perdre ses fondements et implose sous leurs yeux.

Subrepticement, les trois étages du chalet prennent alors l'allure d'une ambassade hors du temps, malgré le sapin chétif qui orne le salon à Noël, diluant momentanément l'ambiance ashkénaze. Dans les couloirs de la maison se croisent de jeunes activistes politiques ou artistes, dont les trajectoires ont été déviées par l'urgence des années de l'avant-guerre : Robert Jungk et François Bondy sont originaires de Berlin, Albert Ehrenstein et Fritz Hochwäldler résident à Zurich depuis leur fuite de Vienne. Hans Josephsohn, qui est mineur lorsqu'il franchit le seuil de la pension, est né à Königsberg. Seul Peter Weiss est venu de son plein gré : né dans une bourgade près de Potsdam, d'une mère d'origine suisse et d'un juif hongrois converti au protestantisme, son passeport tchécoslovaque le met, jusqu'en 1939, à l'abri de l'administration du Reich.

L'été 1938, Weiss visite la maison pour retrouver Robert Jungk, dont il a fait connaissance lors de l'entracte d'un concert de Bruno Walter à Prague. Si, pour Weiss, la Suisse possède un pouvoir d'attraction, c'est surtout en raison de son admiration pour Hermann Hesse, dont l'œuvre lui apparaîtra longtemps comme un miroir de son propre monde intérieur. Sous sa plume Zurich devient la ville « des cloches et des fontaines », il rêve de devenir peintre et produit une poésie exaltée, calligraphiée sur fond de gouaches, dans laquelle il peine à se reconnaître lorsqu'il publiera, un demi-siècle plus tard, les mille deux cents pages de son vibrant plaidoyer communiste *L'esthétique de la résistance.*

Jungk s'est installé dans la pension pour y mettre sur pied un service de presse antifasciste à destination de la presse germanophone non alignée. En 1933, ses convictions pacifistes (ainsi qu'une boîte d'allumettes, trouvée dans ses poches lors d'une fouille) ont fait de lui une cible de choix pour la chasse à l'homme qui s'est organisée dans le sillage de l'incendie du Reichstag. Réfugié à Paris, il étudie à la Sorbonne avant de séjourner, jusqu'en octobre 1936, en Espagne.

Même dans le cadre peu réjouissant des années de guerre, la Suisse ne perd rien de son appétence pour la mesquinerie : en 1943, Jungk est arrêté pour « exercice illégal de l'activité journalistique » et se trouve interné à la prison cantonale de Saint-Gall, où son avocat tente de le libérer des tâches pénitentiaires en arguant qu'il est supposé terminer sa thèse de doctorat.

Quand la police l'interroge sur ses intentions, il indique qu'il a déposé une demande d'immigration au consulat des États-Unis.

À son tour, Fritz Hochwälder passe du statut de pensionnaire à celui d'interné. En 1938, quelques semaines après que les drapeaux nazis ont commencé à orner la place des héros à Vienne, il immigre en Suisse en traversant le Rhin à la nage (confirmant ainsi le bon mot de Chaïm Weizmann, selon lequel « il n'y a que deux sortes de pays : ceux qui veulent se débarrasser des juifs, et ceux qui refusent de les accepter »). Après son séjour dans la pension, il passera une année dans un camp de travail au Tessin, où il est chargé de rendre fertile la plaine de Magadino, puis écrit la pièce dramatique *Sur la terre comme au ciel*, consacrée à l'expulsion des jésuites du Paraguay, qui constituera, quarante ans plus tard, l'ossature du film *Mission* de Roland Joffé. Dans les années cinquante, il deviendra un auteur prisé du Burgtheater à Vienne.

Hans Josephsohn et François Bondy maintiendront des liens avec Zurich bien après 1945. Josephsohn, qui a installé son atelier de sculpture à la Lutherstrasse, une ruelle arborée non loin de la gare, y élabore une œuvre qui tend progressivement vers l'abstraction et dans laquelle la critique s'accordera à reconnaître une tristesse empreinte de sensualité. François Bondy participera au renouveau intellectuel en tant que collaborateur et rédacteur des principaux journaux germanophones de l'après-guerre. Son amitié avec Romain

Gary, née pendant leur adolescence à Nice, se renoue à Paris, où il séjourne régulièrement ; la revue *Preuves* qu'il fonde en 1951 lui permettra d'entretenir un dialogue avec Raymond Aron.

Margarete Susman, qui s'était réfugiée à Zurich dès la nuit de la Saint-Silvestre de 1933, y recevra, au cours des années cinquante, Paul Celan et entretiendra des échanges avec Ernst Bloch. Si après la guerre, tous les anciens résidents de la pension tentent d'accorder leurs vies avec le souvenir des camps et de l'exil, aucun de leurs noms n'apparaîtra jamais dans la correspondance de Paul.

Après avoir débarqué dans le port de New Jersey, Paul envisage de s'installer à New York. Ses échanges avec les agents de l'immigration tournent cependant rapidement au dialogue de sourds et lorsque l'avocat qu'il a chargé de plaider son cas disparaît avec les honoraires, il sonde dans un premier temps les conditions d'accueil au Mexique, puis finit par embarquer sur un cargo afin de tenter sa chance au Chili. Dans le désert d'Atacama, il trouve un emploi dans une mine de salpêtre ; six mois plus tard, lorsque la vie solitaire sous le ciel métallique de l'hiver austral provoque chez Paul des crises de panique, il demande à Tadzik de lui transférer deux cents dollars afin qu'il puisse solliciter un visa d'entrée pour l'Australie.

Sa dérive par les mers du Sud l'éloigne des zones de guerre, mais elle interrompt aussi les échanges avec sa famille : l'errance conduit Paul à passer quelques mois à Brisbane, puis à Melbourne où, subissant les assauts de la chaleur et souffrant d'ennui, il erre dans les villes à la recherche d'un peu d'ombre et de bars. Trois semaines après son arrivée, il s'installe derrière la ligne de montage d'une usine de fabrication de pièces de rechange pour engins agricoles. Stupéfait, il se souvient que peu d'années auparavant, il s'était retrouvé dans un hall de fabrication semblable à Tbilissi. Dans une lettre, il dit s'être mis à fréquenter l'hippodrome, puis cesse d'écrire et disparaît dans la nature. Dans un télégramme, daté de la fin 1944 et adressé à son frère, il annonce qu'il vit dorénavant aux États-Unis, mais reste muet sur son domicile.

Fin mars 1945, c'est sa mère qui aura la primeur de ses nouvelles : sachant que la chute de Berlin est imminente, il écrit qu'il est heureux de savoir que la Suisse « a pu sauver les meubles » pendant les années de guerre. Il raconte qu'il a pu quitter l'Australie en s'engageant sur un navire de la marine marchande norvégienne, puis a rejoint la marine américaine, qui servait de bons repas et lui a fourni « des habits décents ». Il est alors stationné dans une caserne à Chicago, mais prévoit de louer une maison à Pasadena, où il a eu le plaisir de retrouver M. et Mme Jakubowitz, les anciens propriétaires d'une enseigne de mode zurichoise dont le jardin est ombragé par un saule pleureur.

La Californie se révèle être une bonne surprise. Le blanc immaculé des immeubles du centre-ville vire au fuchsia lorsque le soleil se couche ; le matin, il voit les bombardiers de la base aérienne dessiner en silence des cercles au-dessus des collines environnantes. À nouveau, l'idée l'effleure qu'il pourrait mettre un terme à ses pérégrinations. Pour la première fois depuis longtemps, il s'éveille en paix, sans goût amer dans la bouche. Le 2 avril 1946, il écrit également à son frère qui, entretemps, a obtenu un poste à l'université de Bâle. Au dos de l'enveloppe, l'adresse de Pasadena est barrée, il loge maintenant dans l'auberge de jeunesse YMCA à New York, et selon le papier en-tête, il s'appelle dorénavant Paul Ritchie.

En découvrant qu'il adopte son nouveau nom de famille pendant les années de guerre, je suis un instant tenté d'y voir une allusion aux *Ritchie Boys,* dont les membres, des soldats américains d'origine allemande ou autrichienne, formés au renseignement militaire, ont été entraînés au « camp Ritchie », un campement militaire dans le Maryland. Certains soldats de cette unité participeront aux interrogatoires des prisonniers sur les lignes de front, d'autres seront mis à contribution lors du procès de Nuremberg, où ils officieront comme traducteurs, voire en qualité de procureurs.

Selon le Centre de l'Histoire militaire de l'armée américaine, le corps des *Ritchie boys*, qui n'a été dissous que dans les années 1990, a compté environ vingt mille soldats. Beaucoup ont pris part au débarquement en juin 1944, et sur les champs de bataille européens, leur présence, notamment celle des combattants d'origine juive, s'est avérée précieuse, grâce, semble-t-il, aux souvenirs d'une parenté enfouie : « nous comprenions la mentalité allemande mieux que ceux nés Américains », affirmera, dans un témoignage après la guerre, le vétéran Kurt Frank Korf.

Imaginer Paul dans le rôle trouble d'un passeur aurait été séduisant, mais sa carrière militaire ne passe jamais par le Maryland et son geste semblait plutôt traduire le désir de se débarrasser des vestiges de son identité européenne. Il s'enrôle dans l'armée le 21 janvier 1943 et en septembre, une fonctionnaire de la Cour de district de Salt Lake City lui remet son certificat de citoyenneté américaine. À la fin du service obligatoire, dont il est libéré le 19 avril 1944, il rejoint la marine de guerre qu'il quittera avec les honneurs le 28 octobre 1945.

Après son retour à la vie civile, Paul reprend sa carrière au sein de la marine marchande américaine et s'engage comme mécanicien à bord du *SS Cahawba*, sur lequel il effectue trois rotations hivernales, circulant entre Montréal et Gdynia, un port situé sur la rive polonaise de la mer Baltique. En avril 1946, lors d'une grève du syndicat des capitaines et des seconds, le navire se trouve bloqué pendant cinq semaines à Savannah, en Géorgie, mais lorsqu'il comprend que les slogans empruntés à Marx et à Emma Goldman lui rappellent surtout les banderoles rouges ornant la salle communale de Tcheliabinsk, il se rend à Washington et demande à être libéré de son service.

Le 16 mai 1947, tandis qu'en Suisse, les travaux de Tadzik sur les hormones corticosurrénales aboutissent à isoler la cortisone, Paul s'engage sur le *M/T Basilea,* un pétrolier de 9 200 tonnes construit en 1936 à Malmö et battant pavillon norvégien. L'équipage qu'il rejoint est composé de matelots et mécaniciens suédois ainsi que de trois graisseurs venant d'Amérique centrale. Les cuisiniers sont chinois, les deux mousses qui balayent le pont et nettoient la rouille disent avoir dix-huit ans et sont originaires de Christchurch.

Pendant la première moitié des années quarante, le navire a multiplié les trajets sur l'océan Pacifique, reliant, depuis la côte ouest des États-Unis, les ports de Singapour, de Manille et de Wellington, les cuves remplies de pétrole brut chargé sur la côte du Pérou, au terminal de Talara. Après la capitulation du Japon, l'armateur fait démonter les canons de trois pouces qui encombraient la proue et les mitrailleurs norvégiens sont rapatriés. Paul, qui hérite de leur cabine, a cette fois-ci signé un contrat comme chef mécanicien, ce qui lui vaut une relation plus équilibrée avec le capitaine et une aura de notabilité dont il est le premier à s'étonner.

Il redécouvre que la vie à bord est le seul quotidien qu'il supporte : seule la monotonie des traversées lui procure une insouciance qui lui manque dès qu'il met un pied à terre. Le sentiment de honte, les souvenirs de ses échecs et de ses pertes qui l'ont longtemps tourmenté semblent se dissoudre à nouveau dans la lumière de la mer. Au fil des journées, sa respiration suit les mouvements des vagues et il apprend à apprécier les immuables rituels de la vie sur le pont. La nuit, allongé dans sa cabine, il a l'impression de faire corps avec l'océan.

Le 25 juillet, lorsque le *M/T Basilea* fait escale à Melbourne, la vue des bâtiments de l'immigration lui rappelle soudain la dette de deux cents dollars qu'il avait contractée auprès de son frère cinq années auparavant. Dans un élan de magnanimité, il pousse alors la porte de la Commonwealth Bank of Australia, pour émettre un chèque à l'ordre de son frère : « Cher Tadzik, voici cent francs suisses. Je suis de retour en Australie pour trois jours, notre bateau partira demain. Je ne pourrai pas recevoir de courrier avant trois mois. *Yours*, Paul. »

À l'automne 1947, lors d'un chargement de pétrole brut à Puerto la Cruz, au Venezuela, une explosion dans une citerne arrache une partie de la passerelle de commandement. Le second, qui est resté dans la cabine, est tué par le souffle de la déflagration. Le capitaine, dont les jambes sont fracturées, doit être hospitalisé. Debout sur le quai brûlé par le soleil, Paul attend que les lances à eau éteignent le feu. Les autorités portuaires, estimant que le navire représente un danger, ordonnent que le *M/T Basilea* mouille loin des autres pétroliers.

Les détails de cette avarie, je les ai trouvés sur un des sites consacrés à la navigation et aux navires mis à la ferraille : la cabine de radio et les émetteurs sont détruits, un capitaine norvégien est dépêché depuis Anvers. Il faut réparer les conduites d'eau et de vapeur, ainsi que le système électrique – la salle des pompes et la coque sont restées miraculeusement intactes. Après des travaux sommaires sur le pont et l'établissement d'une ligne téléphonique entre la passerelle et la salle des machines, le capitaine se fait livrer un sextant, une boussole et un manuel de navigation. Lorsque, à la suite d'un échange de télégrammes avec l'armateur et les compagnies d'assurances, il est autorisé à lever l'ancre, le *M/T Basilea,* pariant sur une météorologie clémente, met le cap sur les chantiers navals de Baltimore.

Un an plus tard, le pétrolier franchit le détroit de Gibraltar et pénètre dans la baie de Gênes. Au moment de débarquer, Paul compte saisir l'occasion pour rendre visite à sa famille, mais les souvenirs de la maison de correction le découragent de mener à bien son projet. À Genève, irrité par l'opulence ouatée qui s'étale sur les rives du lac Léman, il pénètre dans un restaurant et profère des phrases qui, selon l'agent de police dépêché sur place, « laissent à penser qu'il nourrit des sympathies communistes ». Invité à présenter ses papiers, il prétend avoir perdu sa citoyenneté suisse au moment de devenir américain. « À ma demande », déclare-t-il selon le rapport de police, « j'ai obtenu la naturalisation américaine en 1943, et pour ce faire, j'ai dû renoncer à ma nationalité suisse. C'est la Légation à Washington qui a fait le nécessaire, je ne suis donc plus citoyen de ce pays. Je prends note que vous saisissez le passeport suisse n° 1208504/9553 au nom de Paul Reichstein, annulé d'ailleurs par la chancellerie du canton de Zurich. »

Cette affirmation se révèle fausse, comme le confirmera plus tard le département de police fédérale – le consulat suisse de la capitale américaine, sollicité par les autorités, ne trouve aucune trace d'une telle demande –, mais elle lui confère le statut d'« étranger indésirable » et provoque son expulsion, assortie d'une interdiction de séjour illimitée sur le territoire national, qui ne sera suspendue que cinq ans plus tard. Comme Paul a également mentionné avoir servi, avant sa naturalisation, dans la marine de guerre américaine, il passe, au regard de la loi militaire, pour un mercenaire.

Le lendemain, Paul retourne à Gênes – le *M/T Basilea* s'apprête à lever l'ancre et à quitter la Méditerranée pour se ravitailler dans le golfe Persique. Pour la seconde fois, il aura été mis à la porte par la Suisse. Quand il remonte la passerelle, son passeport américain dûment estampillé, il ignore combien de temps il restera loin de l'Europe, mais il sait qu'en une semaine à peine, il aura réussi non seulement à perdre le droit de se rendre dans son pays, mais aussi à se débarrasser, de façon définitive, de son nom de famille.

« Envoie-moi ton adresse, mais aussi la suivante » lui écrit son frère, « de sorte qu'on soit sûr que nos lettres te parviendront. »

Autant que je puisse en juger par sa correspondance, Paul passe les prochaines années à bord de nombreux navires, soit comme chef mécanicien, soit en qualité d'expert – dans la famille, il se dit, non sans admiration, qu'il a acquis la réputation de savoir détecter les avaries au seul bruit des machines. Les compagnies d'assurances, soucieuses de limiter le temps d'immobilisation des bateaux en cale sèche, rémunèrent généreusement ses services.

Mais l'équilibre de son existence est précaire : un jour de mer agitée, Paul glisse dans un escalier et fait une chute, la violence du choc lui déboîte l'épaule et sectionne un nerf. La douleur est telle qu'il perd connaissance. Plusieurs interventions sont tentées à bord, avant que le médecin n'ordonne son transfert vers la clinique de vétérans d'Oakland, où le neurologue, constatant que le muscle ne répond plus, envisage une transplantation. La veille de l'opération, effectuant une batterie d'examens, il erre dans les couloirs de l'hôpital lorsqu'il apprend que le *Loyality Board*, un tribunal maccarthyste chargé de traquer la subversion communiste, le convoque pour un interrogatoire.

Pour Paul, le moment est décidément mal choisi. Effaré, il assiste à la collision de son passé personnel avec l'état du monde : fin 1952, les fronts de la guerre froide sont gelés, les négociations en Corée autour des modalités d'un armistice s'étirent, la guerre en Indochine s'éternise. À Moscou, le Kremlin s'est figé dans une ambiance fin-de-règne, Staline n'a plus que quelques mois à vivre, mais le stalinisme rougeoie encore comme une étoile morte. Aux États-Unis, les époux Rosenberg attendent leur exécution. La chasse aux sorcières bat son plein, McCarthy met Hollywood au pas et J. Edgar Hoover traque les adhérents du parti communiste. Des injonctions aux sermons d'allégeance fleurissent, occupent la rhétorique et étouffent tout débat.

Allongé sur son lit d'hôpital, Paul blêmit en se remémorant que sa dernière demande de visa pour un retour en URSS date de 1945. Il n'a en effet jamais abandonné l'espoir de retrouver sa femme et son fils. Il soupçonne que l'enquête qu'il est en train de subir a été diligentée après que la police suisse a informé le *Department of State* de son séjour en prison. Il pense aussi que les autorités américaines ont dû mettre la main sur sa correspondance avec l'ambassade soviétique de Berne. Son avocat lui fait remarquer que le fait que sa femme soit restée à Moscou ne plaide guère en sa faveur.

Trois nuits durant, il se morfond, puis décide une fois de plus de s'adresser à son frère, dont le sérieux semble incontestable, et le prie de rédiger un témoignage en sa faveur. Son permis de servir dans la marine marchande vient de lui être retiré, son passeport est confisqué, et dans ses moments les plus pessimistes, Paul se voit déjà retenu dans un camp d'internement. Après des années passées à se planquer sur les océans, le retour de l'histoire prend pour lui les allures d'un cauchemar. Il écrit à Tadzik qu'il compte affronter le *Loyalty Board* en éclaircissant tout malentendu : jamais il n'a caressé de sympathies pour le communisme et s'il a entrepris quelques « pseudo-tentatives » de se rendre à Moscou, celles-ci ne traduisaient nullement « un désir de devenir un esclave du système soviétique », mais lui étaient « dictées par sa seule conscience ».

La lettre que Tadzik rédige à sa demande tient à la fois du plaidoyer et de la plus pure expression de l'amour fraternel. Assis dans son bureau baigné de lumière du département pharmaceutique de l'université de Bâle, il prend une feuille et un stylo, puis, sur trois pages serrées, se livre à une défense véhémente de la probité de son frère, tout en laissant deviner sa profonde perplexité devant certains de ses choix d'arrangements avec l'existence. Paul aurait très tôt développé *a queer reluctance to settle anywhere,* « une répugnance étrange à la vie sédentaire », écrit-il, renvoyant, pour illustrer ses propos, à ses voyages dans les montagnes du Caucase et à la frontière mongole. Et explique les déboires juridiques de son frère par son « manque d'esprit critique », rappelant son effondrement et sa souffrance psychique à la suite de sa séparation d'avec sa femme.

L'installation de Paul aux États-Unis, argumente Tadzik, lui a été bénéfique, car la possibilité de travailler sur les navires de la flotte nord-américaine s'est avérée une solution idéale au vu de son « caractère inquiet ». Il admet qu'il n'a eu, pendant des années, que rarement de ses nouvelles, et alors seulement sous forme de « cartes postales, envoyées sporadiquement depuis différents coins du monde » mais assure le comité de la droiture de son frère. « En septembre 1951 », écrit-il en guise de conclusion, « un ami anglais, de retour d'Istanbul, m'a appelé pour me dire qu'il y avait rencontré par hasard mon frère Paul qui venait d'arriver en Turquie après avoir passé plusieurs semaines en Inde et y avoir dépensé tout l'argent qu'il avait économisé à cette fin. Il aurait attendu un bateau de la marine marchande américaine afin de reprendre son travail à bord. Au consulat américain, où il souhaitait faire proroger son passeport, ses habits en lambeau auraient suscité la méfiance du service consulaire qui le soupçonnait d'être un espion au service de l'Union soviétique. Il se serait montré incapable d'avancer la moindre raison rationnelle pour expliquer le motif de son voyage.»

Il est difficile de dire ce qui a convaincu l'administration américaine de la sincérité de Paul. La parole de Tadzik, dont les succès scientifiques lui avaient valu, deux ans auparavant, un prix Nobel, a apparemment joui d'une certaine crédibilité, ce qui a pu contrebalancer la partialité que l'on peut raisonnablement attendre de la part d'un frère. Mais que cela suffise pour infléchir l'attitude des services de l'immigration, peu sensibles en général à la nuance, l'aura lui-même surpris. Pour Paul, la période d'incertitude s'étendra sur quatre mois, le temps que le *Loyalty Board* achemine la lettre de soutien et les enregistrements des interrogatoires à Washington afin de les faire évaluer et, finalement, classer. Au printemps, il reçoit le précieux feuillet contresigné lui signifiant qu'aucune charge n'est retenue contre lui et il s'empresse d'en informer son frère : «je suis innocenté» écrit-il sur une carte postale illustrée par l'*Emerald Bay* du lac Tahoe, «et je pense que c'est à ton intervention que je dois cela». Deux jours plus tard, il retrouvera son passeport et enverra les premiers télégrammes aux compagnies de navigation, leur proposant ses services.

Pendant les cinq années suivantes, je le perds à nouveau de vue. Sitôt de retour à bord, Paul navigue sur le Pacifique où, depuis la capitulation du Japon, les navires de la flotte américaine règnent en maîtres. Guam, Manille et Yokohama font probablement partie de ports sur lesquels il met le cap désormais. À Pusan, il s'engage comme contremaître sur une « power-barge », un groupe électrogène flottant qui alimente les troupes en énergie. Avec l'âge, il aime entendre le bruit de la pluie qui martèle le pont et se sent protégé par le bouclier de la puissance militaire. Mais la nuit, lorsque la douleur paralyse son épaule, il se réveille en proie aux doutes. La monotonie le guette et son esprit se met à méandrer. La boucle qu'il effectue dans les mers de l'Asie du Sud, trace, se dit-il, en même temps sa solitude ; brutalement, il voit sa vie dans toute sa nudité hideuse. Il regrette amèrement ses décisions passées, la conscience de ses erreurs le blesse comme une lame.

À y regarder de plus près, toute son existence n'est qu'une succession d'errements et de méprises, d'échecs et de défaites, souffle-t-il à Tadzik dans une lettre fiévreuse du 1er juillet 1955, « je commence enfin à y voir clair ! » Il aurait dû persévérer dans ses études, écrit-il, la physique lui aurait ouvert la voie vers un avenir radieux et lui aurait garanti une place de choix dans l'histoire de la science. Son nom, il en est convaincu, scintillerait, en syntonie avec celui de son frère.

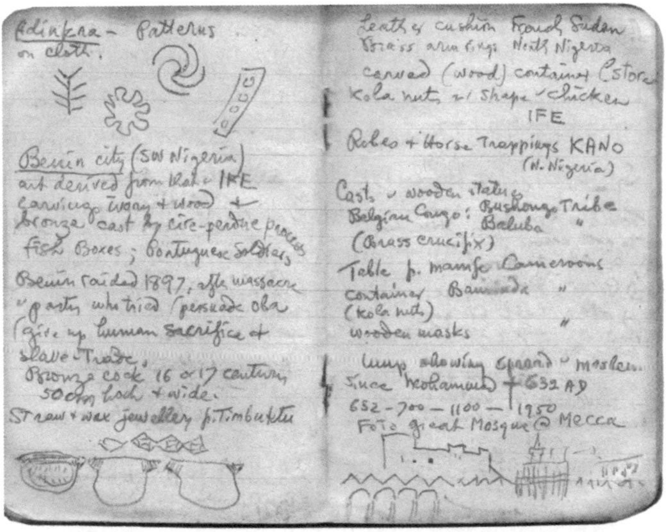

Le lendemain, lors d'une escale à Tokyo, il achète un ouvrage illustré d'estampes japonaises et le lui envoie à Bâle.

Faute de lettres, ce sont parfois les cartes postales qui permettent de retracer quelques-uns de ses voyages terrestres. Certaines, datées du mois de décembre, lui servent de cartes de vœux, d'autres semblent traduire des crises passagères, voire des appels à l'aide : « L'opération du dos a échoué, écrivez svp au consulat de Nairobi/Kenya » écrit-il depuis Zanzibar. Les cartes paraissent choisies au hasard : à Prague, il achète une vue de la Porte d'or avec une illustration du Jugement dernier, Dresde apparaît au détour de la reproduction d'un manuscrit du traité d'algèbre du mathématicien Adam Ries. L'île de Madère se présente sous les espèces d'une paroi rocheuse qui évoque un paysage aride de l'Ancien Testament. Sur la photographie représentant «Les montagnards du Hindou-Kouch», un homme tirant un âne récalcitrant traverse un pont en bois sous lequel bruisse une rivière.

La collection de ces images du monde, échouées dans le carton d'une archive, est d'une grande variété et pourtant, elle semble étrangement terne. Chris Marker aurait peut-être pu tirer un récit inspiré de ces images, s'appuyer sur elles pour examiner son propre lien au monde. Dans le cas de Paul, ce qui frappe, c'est que les photographies restent silencieuses : y chercher un signe personnel se révèle inutile, les images sont vides comme s'il n'avait jamais voulu habiter dans leur flux, mais au contraire désiré disparaître dans leurs marges. De toute évidence, leur réalité, la normalité qu'elles reflètent, ne le concernait pas.

Voici sans doute pourquoi il est si difficile de cerner la trajectoire de son existence : tout ce qui peut fonder et sous-tendre une biographie – l'État et ses contraintes, les devoirs et la carrière, l'ambition et les échecs –, tout cela lui était étranger. Il ne se sentait appartenir ni à sa génération ni à son époque. Rien de ce qui participe à la construction d'une existence individuelle ne paraissait avoir eu prise sur lui, sa classe sociale autant que la politique et l'avenir, les traditions, les liens et les croyances le laissaient totalement indifférent. Tel qu'il m'apparaît, il reste la plupart du temps caché derrière les contingences et les nécessités qui ont orienté sa vie. Ainsi faire la part entre sa personnalité et le poids de l'héritage s'avère une entreprise hasardeuse : l'instant seul semble constituer une réalité tangible pour Paul et il n'y a que ses silences que je peux tenir pour acquis.

« Concernant mon voyage en Suisse », écrit-il encore mi-1955, « je dois attendre d'avoir des congés. Et surtout, d'obtenir un passeport. »

Parmi les cartes postales que j'ai retrouvées dans la chambre de Paul à Zurich se trouve une série qui illustre Faial, une des îles volcaniques des Açores aux pentes couvertes de terrasses et quadrillées de murets noirs. Sur les photographies en noir et blanc, le front de mer de la ville de Horta longe une baie légèrement incurvée, des nuages ouatés survolent l'océan ourlé par la brise. D'après l'enveloppe dans laquelle il les a conservées, il a dû les acheter à la « Tabacaria da Sorte » de José Furtado, rua Serpa Pinto, un magasin à la longévité enviable mais qui, si l'on en croit à la mémoire d'un moteur de recherche, vient de mettre la clé sous la porte.

Cinquante ans après le passage de Paul, la brume effilochée se disperse toujours sur les flancs de montagne, la pierre de basalte et les explosions bleues des hortensias maintiennent leur prise sur les îles. Les rues de Ponta Delgada résonnent d'un portugais légèrement chuintant, comme si les rivages du Brésil avaient déteint sur l'accent de la métropole. Un bateau de pêche, battant pavillon turc, est amarré dans le port et lorsqu'on suit la ligne de la côte disparaissant dans un halo de lumière irisée, on se dit que la terre s'apprête à couler comme un navire naufragé. Dans l'arrière-pays, les routes, serpentant entre les collines, mènent à travers des forêts touffues et des prés verdis par la bruine.

À Faial, le cratère du volcan aux pentes vertes est rempli d'eau de pluie où se noie le brouillard, un soleil blafard sèche les fougères. Sur le rivage, la lave qui s'est écoulée dans la mer a créé un paysage lunaire, de couleur anthracite, piqué de fleurs jaunes, sur lesquel se brisent les vagues. Le port de Horta, à en juger par les peintures murales qui couvrent le môle, est devenu le point de ralliement des navigateurs solitaires qui risquent la traversée de l'océan. S'étirant entre des palmiers hirsutes et une forêt de mâts, les drapeaux, emblèmes, noms et dates, inscrits avec du vernis à bateaux, forment un ruban coloré qui, les beaux jours, étincelle face au bleu de l'Atlantique.

Les neuf rochers endormis, cernés pas les courants de l'Atlantique, éparpillés sur des centaines de kilomètres, ont compté parmi les premières conquêtes des navigateurs portugais. Depuis, l'empire colonial s'est lentement dissout, mais l'archipel reste solidement arrimé à la métropole. À la fin du XIXe siècle, le dernier empereur mozambicain, Gungunhane, a été embastillé dans la forteresse militaire de São João Batista, sur l'île Terceira, où, converti au catholicisme, il finit par mourir en 1906. Quelques décennies plus tard, les alliés réussissent à convaincre Salazar de leur permettre d'y construire une base aérienne, indispensable au ravitaillement des troupes stationnées en Angleterre dans l'attente du débarquement.

Antonio Tabucchi avait raison lorsqu'il a prédit, en 1983, la disparition imminente des *mestres baleeiros,* des « maîtres baleiniers » : aujourd'hui, la pêche au cachalot n'est plus qu'un lointain souvenir, même pour les dauphins qui font à nouveau de timides apparitions au large de l'archipel. Quelques vestiges de l'économie baleinière sont préservés dans le musée local, une bâtisse basse qui fait face à la mer. Dans la salle d'entrée trône le modèle d'une *canoa*, une embarcation d'une dizaine de mètres, au bord de laquelle les harponneurs approchaient leurs proies. Des lances aux pointes rouillées s'alignent le long des murs, où s'exposent par ailleurs quelques portraits d'anciens marins, des hommes au visage puissant, cisaillé par les rides.

En fin de journée, comme en écho tardif, un groupe d'hommes et de femmes tire un canot d'un hangar du port de pêche pour le mettre à l'eau. Après une série de gestes qui ressemblent à un rituel ancien, les hommes se hissent dans la barque tandis que les femmes leur adressent des saluts amicaux. Derrière la jetée, le cône du Pico, le volcan de l'île voisine, disparaît derrière un voile blanc qui se colore dans la lumière du soleil couchant. Touchée par les derniers rayons, la coque du cargo chypriote amarré face au môle flotte dans une nappe de carmin.

Après plusieurs tours de chauffe, la barque quitte les eaux noires du port. La scène a quelque chose de fantomatique : avant de glisser dans la nuit, le barreur se redresse et agite rageusement une main à laquelle manquent trois doigts. Lorsque la lumière des lampadaires inonde le quai, deux enfants sautent du brise-lames et poussent des cris de joie, rompant brièvement l'atmosphère de désolation qui plane sur la scène. Sur le mur du hangar, les inscriptions de deux marins de passage – « 2nd Off Ibrahim » et « 3rd Off Serkan » –

accroche la lumière jaunâtre du lampadaire. Pour qui est habité par le désir de filer à l'anglaise, Faial s'avère décidément être une destination séduisante.

Sept ans après son passage par Istanbul, il semble que sa tenue vestimentaire tout à la fois fantaisiste et négligée, dûment remarquée lors de sa visite du consulat américain, soit restée dans toutes les mémoires.

« Ministère public fédéral

Au commandement de la police du canton de Zurich

N° F.12.115 Fl/le.

Berne, le 25 juin 1958

Monsieur le commandant,

Le représentant européen du Bureau of Narcotics, M. Charles Siragusa, District Supervisor, à Rome, nous a envoyé une copie de sa lettre du 10 juin 1958 à Interpol Rome. Nous traduisons le contenu comme suit :

"Paul Ritchie, mentionné ci-dessus, est soupçonné de trafic de devises et d'autres rackets, ainsi que de trafic de stupéfiants. Les informations le concernant sont les suivantes : Paul Ritchie, né le 31 janvier 1905 à Kiev, Russie, fils d'Isidor et de Gustava Reichstein, née Brockman. La mère originaire de Pologne, née le 3 mai 1875, vit à Zurich. Ritchie a épousé Tella, née Igumnova en mai 1933, dont il a divorcé en 1938. Il est titulaire du passeport américain n° 630645, délivré le 1er août à Boston, Massachussetts. Son adresse est : boîte postale 7173 Rincon Annex, San Francisco, Californie.

Ritchie est ingénieur maritime et a travaillé sur divers navires. Plus récemment, cependant, il a parcouru l'Europe en tant que passager sur des navires et des avions. Il opère principalement à Trieste, Palerme et Naples. Avant cela, il a parcouru le Moyen Orient. Nous attirons votre attention sur la présence de cet homme en Italie pour surveiller ses activités et vérifier ses relations et vous serions reconnaissants de bien vouloir partager vos observations. Interpol Berne est invité à nous dire ce que l'on sait de Ritchie.

Signé Charles Siragusa". »

Les enquêtes diligentées à la suite de ce courrier ne révèlent toutefois aucune trace d'une participation, même indirecte, aux agissements d'un quelconque réseau criminel, et trois semaines plus tard, le ministère public décide de rayer son nom des fichiers. De toute façon, l'absence notoire de sens pratique de Paul aurait probablement rendu impossible toute activité clandestine assidue et son aversion pour toute activité s'apparentant à une routine n'aurait pu cadrer avec une quelconque entreprise illégale. Il est tout aussi peu plausible, par ailleurs, que Paul soit apparu dans le viseur des agences de surveillance du crime en raison de son passé soviétique et le fait d'être né en Europe de l'Est.

Mais il est vrai que l'apparence de Paul ne passe pas inaperçue. Ses chemises tachées, ses bretelles rouge vif et les larges cravates bariolées ont dû mettre le feu dans la psychologie binaire des indicateurs. Ses sourires gratuits et rêveurs, notés par tous ceux qui l'ont fréquenté, pourraient laisser supposer une dissimulation suspecte, d'autant qu'il n'hésite pas à se confier à des étrangers, alors même qu'il ignore en règle générale les conseils de prudence que lui prodigue sa famille. Sans doute était-il aussi facile de le séduire ou de le tenter – en juin 1960, dans le port d'Odessa, il sera brièvement arrêté et relâché seulement après avoir demandé, affolé, que l'on prévienne le consul américain en Suisse. Que s'est-il passé ? Il s'était trouvé quelque peu *in trouble*, écrira-t-il un mois plus tard à son frère, mais ne laisse rien filtrer des circonstances qui ont failli provoquer son incarcération.

Même lorsque Paul tente de mener une vie casanière, ses choix s'avèrent souvent déconcertants. Au milieu des années soixante, soudain saisi d'une volonté frénétique de devenir propriétaire, il se lancera dans l'achat d'un terrain en Alaska, dans la périphérie d'Anchorage. Il manque de fonds pour construire une maison, mais se console en se disant qu'il pourrait tenter de se renflouer durant les mois où le climat hostile met les chantiers à l'arrêt. En attendant des journées plus prospères, il acquiert mille mètres carrés de terre agricole dans la région zurichoise ; cette fois-ci en songeant y installer une caravane, ou « une Volkswagen kombi, que l'on pourrait transformer en un magnifique appartement ».

Sans doute les maladresses de Paul, son comportement erratique et son penchant pour le « je préférerais ne pas» ont-elles éveillé l'attention des différents représentants de l'ordre et de la justice. Ses séjours dans les villes portuaires étaient rythmés par une routine souvent opaque – il avait l'habitude de concevoir des projets d'affaires supposément infaillibles et les soumettre à de parfaits inconnus. Cette routine s'apparentait à un rituel, comme si la réitération des faits et gestes pouvait le renvoyer à la primauté de l'expérience, à l'événement à partir duquel tout redevient possible. D'une certaine manière, c'étaient aussi ses échecs répétés qui le préservaient d'un lien plus contraignant avec son entourage. Si Paul était une figure conradienne, il faudrait probablement chercher sa silhouette dans *La ligne d'ombre* : avec une ingénuité dont il ne s'est jamais départi, il paraissait avoir passé toute sa vie en deçà du seuil de l'âge de la maturité.

Des décennies durant, Tadzik tentera d'accompagner son frère, bien que les choix et le caractère de ce dernier lui soient restés insaisissables. Un des symptômes du désarroi de Tadzik se manifeste dans sa tentative de faire sonder l'âme de Paul par une graphologue. Ce choix peut étonner de la part d'un scientifique, quand bien même il ne serait pas insensible à la métaphysique, mais je préfère voir cette démarche comme un recours, voire une intuition, comparable à la curiosité avec laquelle Borges a dû aborder les mathématiques. Dans les remarques de la graphologue, fragmentaires et retranscrites à chaud, Paul apparaît comme quelqu'un de « doué, mais tourmenté, d'une nature constructive dans la mesure où il tente d'effectuer un travail sur lui-même, capable de penser méthodiquement lorsqu'il est captivé par le travail, mais qui perd régulièrement ses repères ». Il n'a aucun sens des priorités, « est plein d'entrain et devient tout de même un poids pour son entourage », il est affectueux, obsédé par lui-même et « peut, incontestablement, également être en proie à des pulsions destructrices ».

Cette incompréhension et ce désarroi de Tadzik rendent d'autant plus émouvante sa tentative de suivre les pérégrinations de son frère. Un jour, il essaye de reconstituer au crayon sur une feuille ses voyages et séjours à l'étranger. La colonne de dates et d'années, raturée par endroits, commence en 1933, avec sa sortie de prison, et se termine avec son installation, durant la Seconde Guerre mondiale, aux États-Unis. Tadzik l'a probablement rédigée au début des années cinquante pour étayer son argumentaire adressé aux services de l'immigration américaine, mais elle semble aussi répondre à un besoin plus personnel : celui de garder le contact avec son frère en suivant sa trace, ne serait-ce que du point de vue de la chronologie.

Ce que je trouve touchant, en tentant de déchiffrer ce document, c'est qu'il traduit une connivence entre

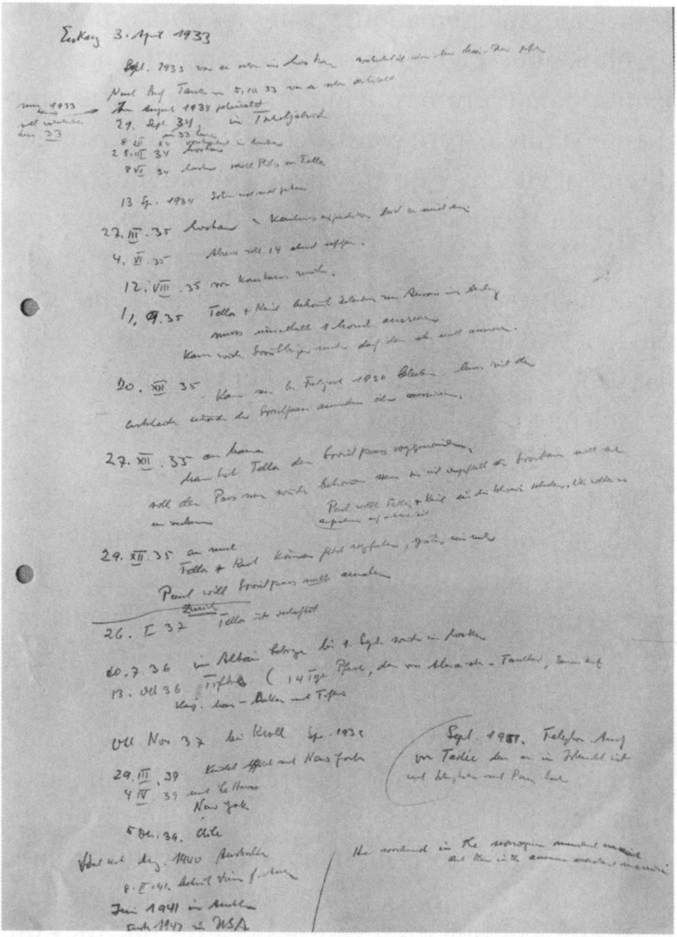

les deux frères : comme si ce savoir partagé au sujet des innombrables déplacements de Paul était le seul langage commun qu'ils aient réussi à établir entre eux. Au-delà des lettres, cartes postales et télégrammes échangés, c'est la connaissance des lieux et des villes fréquentés par Paul qui donne à Tadzik la possibilité de maintenir un lien et d'affirmer une familiarité que tout, à commencer par leurs styles de vie si dissemblables, tend à effacer.

Chagall a consacré de nombreux tableaux à la figure du *Luftmensch*, ce personnage flottant dans les airs, mais dans la plupart de ses représentations, la métaphore de l'homme suspendu dans le ciel trouve son équilibre et sa raison d'être grâce à la présence d'une silhouette humaine ancrée au sol. Ce lien muet qui les unit, distendu, invisible mais jamais rompu, illustre, mieux que tout autre, me semble-t-il, la relation que Tadzik et Paul ont entretenue toute leur vie.

Le 20 mars 1960, dans la lumière blafarde de l'hiver tardif, Paul atterrit à l'aéroport de Cheremetièvo. Pour une fois, son voyage a un objectif tangible : avant de partir, il a sollicité un visa pour rendre une visite à Tella. Le moment est propice, le dégel que Khrouchtchev a entamé à la suite de la mort de Staline perdure miraculeusement. Par-delà les vicissitudes de l'histoire, on a envie de croire en un avenir moins antagoniste. La crise de Cuba est encore à venir et en Europe, le souvenir des chars dans les rues de Budapest s'estompe au profit d'un nouveau pragmatisme politique.

Paul n'en a pas soufflé un mot à sa famille, peut-être parce qu'il sait qu'il ne s'agit pas à proprement parler de retrouvailles, plutôt d'un alignement des planètes, d'une occasion inespérée, à saisir avant que l'humeur versatile de la bureaucratie soviétique ne se manifeste à nouveau. Je sais peu de choses de cette rencontre, mais je suppose qu'il s'y rend d'un pas hésitant : sans doute se demande-t-il s'il pourra retrouver sa vie et les émotions d'avant-guerre.

Borisoglebsk, où réside Tella, se trouve à sept cents kilomètres au sud de Moscou : se remémorant son premier voyage vers l'Oural, une trentaine d'années plus tôt, Paul monte dans un train à la gare de Kazan, puis attend une correspondance à Voronej. Il est redevenu un étranger en Russie, et l'air sec qui monte des plaines enneigées lui est plus familier que les conversations qu'il entend fuser dans le train. Son visa ne lui permettra de rester que soixante-douze heures sur place : le temps de s'expliquer, d'écouter et, s'il en a le courage, de chercher ses propres traits dans ceux de son fils.

Si Paul ne s'appesantit jamais sur ces journées, j'imagine qu'elles ont dû aboutir à une sorte de projet d'avenir, du moins à en juger par l'écho qu'elles ont suscité. Une semaine plus tard, l'ambassadeur suisse en poste à Moscou dicte une lettre qu'il adresse à la Division des affaires politiques du Département politique fédéral à Berne :

« Monsieur le Ministre,

j'ai l'honneur de vous informer du cas suivant et de vous prier de me communiquer les renseignements que vous pourriez éventuellement posséder sur le compatriote dont il s'agit :

M. Paul Reichstein, né le 31 janvier 1905 à Zurich (sic), originaire de Zurich, domicilié dans cette ville, Forstersteig 14, (tel. 32.05.35), fils d'Isidor et de Gustava, née Brockmann, s'est présenté le vendredi 25 mars à cette ambassade pour obtenir des renseignements sur les possibilités d'un rapatriement en Suisse de son épouse et de son fils.

L'intéressé a prétendu ne pas avoir son passeport sur lui pour certifier son identité ; il a déclaré avoir vécu en URSS de 1933 à 1937. Il aurait épousé à Moscou, en juin 1933, une citoyenne soviétique Tella Ivanovna Igumnov, et son fils Alik (sic) serait né le 22 septembre 1934. Sa femme et son fils n'avaient pas reçu le visa de sortie de l'URSS pour rentrer en Suisse en même temps que lui. Reichstein a émigré alors aux États-Unis d'Amérique et est revenu en Suisse, il y a deux ans environ. C'est depuis cette date qu'il a cherché le moyen de retrouver sa femme et son fils ; son récent voyage à Moscou a été organisé par Intourist qui lui a procuré l'autorisation de se rendre pour trois jours au domicile de sa femme à Borisoglebsk.

Depuis le départ de son mari, Mme Reichstein aurait été en résidence surveillée quelque part en URSS pendant deux ans. Le fils, pour ne pas encourir de difficultés, a changé de nom ; il s'appelle maintenant Joury Dymov, il est marié et père d'un enfant. Mme Reichstein serait en possession d'un passeport suisse qui lui aurait été délivré par M. Werlin, en 1933. M. Reichstein, dès son retour en Suisse, veut entreprendre les démarches utiles pour que sa femme et son fils puissent le rejoindre. Il a été averti que la requête concernant sa femme aurait des chances de réussir, mais que celle de son fils aboutirait à un échec. »

«Je m'en vais» est probablement la phrase que Paul a le plus prononcée – ou pensée – au cours de la décennie qui suit. L'hiver 1962, il circule entre les rades de Saïgon, Singapour et de Calcutta, puis, fatigué de la régularité d'horloge du transport maritime, débarque à Yokohama, muni de son appareil photo, pour se rendre en train dans les montagnes de l'arrière-pays de la capitale. La pluie strie les vitres du wagon cahotant, la locomotive traverse des prés noyés et des ponts en pierre qui enjambent les ravins. Sur les crêtes des collines ondulées s'élèvent des façades à pignon entourées de peupliers. Il photographie les moulins à prières, des places de marché sous l'averse et des enfants qui jouent dans un champ devant une chapelle en bois.

Son passage dans les villages provoque des sourires incrédules, on l'accueille avec étonnement, le fait entrer dans des maisons où des hommes emmitouflés dans des couvertures lui tendent une pipe en laiton et lui versent du thé. La fumée et le brouillard se confondent dans la fraîcheur, il remonte le col de sa veste et descend son bonnet sur ses oreilles. Pendant un instant, il se sent chez lui.

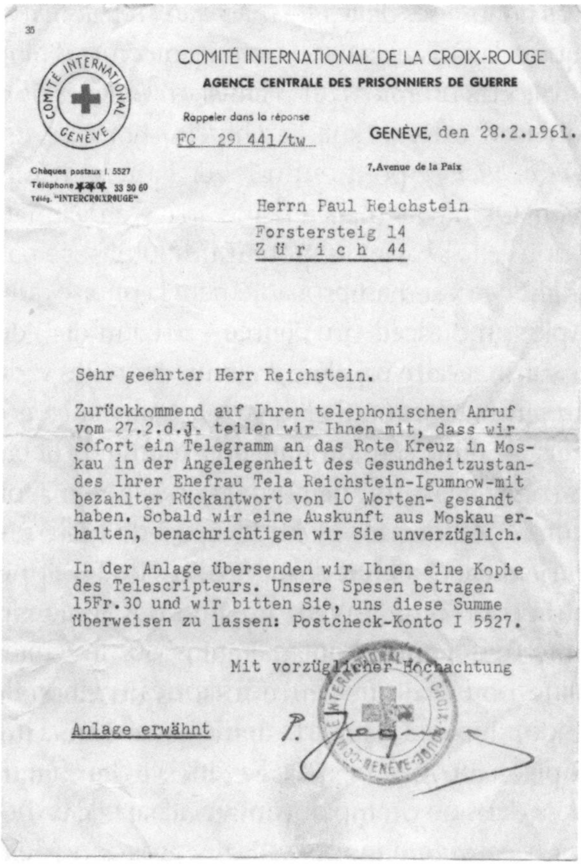

35

COMITÉ INTERNATIONAL DE LA CROIX-ROUGE
AGENCE CENTRALE DES PRISONNIERS DE GUERRE

Rappeler dans la réponse
FC 29 441/tw

GENÈVE, den 28.2.1961.

7, Avenue de la Paix

Chèques postaux I. 5527
Téléphone 33 30 60
Télég. "INTERCROIXROUGE"

Herrn Paul Reichstein
Forstersteig 14
Z ü r i c h 44

Sehr geehrter Herr Reichstein.

Zurückkommend auf Ihren telephonischen Anruf vom 27.2.d.J. teilen wir Ihnen mit, dass wir sofort ein Telegramm an das Rote Kreuz in Moskau in der Angelegenheit des Gesundheitzustandes des Ihrer Ehefrau Tela Reichstein-Igumnow-mit bezahlter Rückantwort von 10 Worten- gesandt haben. Sobald wir eine Auskunft aus Moskau erhalten, benachrichtigen wir Sie unverzüglich.

In der Anlage übersenden wir Ihnen eine Kopie des Telescripteurs. Unsere Spesen betragen 15Fr.30 und wir bitten Sie, uns diese Summe überweisen zu lassen: Postcheck-Konto I 5527.

Mit vorzüglicher Hochachtung

P. Jequier

Anlage erwähnt

Un mois plus tard, Paul entreprend une traversée de l'océan Pacifique pour se rendre à Hawaï, où il signe un contrat avec le *S/S Wesleyan Victory* de la Grace Line Incorporated, un cargo de 7600 tonnes de jauge brute immobilisé faute de mécanicien. Le navire, dit-on dans le port de Honolulu, est poursuivi par la malchance : « pour les marins, cela signifie que quelqu'un n'a pas honoré ses dettes» – mais que Tadzik ne pense pas que cela puisse être son frère, s'empresse d'ajouter Paul, car «les premiers problèmes sont survenus bien avant mon arrivée sur l'archipel». Lorsque le *S/S Wesleyan Victory* peut enfin lever l'ancre, il met le cap sur Okinawa, mais à peine arrivé à destination, une nouvelle avarie du moteur immobilise le navire pendant deux semaines.

Après une escale au Vietnam pour ravitailler les troupes, le navire reprend sa lente descente vers les Philippines. Alors qu'il glisse sur les eaux cuivrées de la mer de Chine méridionale, une panne de la ventilation oblige Paul à s'affairer dans la salle de machines chauffée à 60 degrés, puis l'équipage fait face à une pénurie d'eau potable. À l'approche des Philippines, c'est un typhon qui fouette le cargo, des lames gigantesques soulèvent le bateau. Paul passe une semaine dans le noir, ballotté entre tessons de vaisselle et mobilier brisé. Quand le baromètre remonte, le groupe électrogène explose et blesse deux marins, puis une panne du moteur immobilise le navire, faisant craindre que la mer agitée «fasse exploser les caisses de munitions stockées dans la coque». Après trois jours d'attente, un cargo battant pavillon malaisien apparaît à l'horizon, et remorque le *S/S Wesleyan Victory* jusqu'à la base américaine des Midway Islands, «habitée essentiellement par la marine de l'US Army ainsi que par des *gooney birds,* des albatros dociles et incapables de voler».

Une fois à terre, la douleur provoquée par la luxation de la rotule, due à une chute pendant la tempête, l'oblige à demander à Tadzik de lui faire parvenir des somnifères. Quand son épaule étourdie le rappelle à son tour à l'ordre, il se décide à revoir ses ambitions : plutôt que de sillonner les routes du Pacifique, il signe un contrat de neuf mois avec une compagnie maritime qui circule entre les ports de la Méditerranée et la mer Noire. La constellation des villes desservies lui semble si harmonieuse qu'il ne résiste pas au plaisir de les citer : « Le vapeur de luxe mettra le cap sur Casablanca, Le Pyrée, Yalta, Odessa, Constanta, Varna, Istanbul, Izmir, Barcelone et Lisbonne avant de rentrer à San Francisco via le Panama. » Sur le marché de Casablanca, entre des serrures en fer et des corbeilles brodées, il trouve un mousquet arabe vieux de deux siècles qu'il compte envoyer à son frère. Son voyage est du cabotage, « *nothing to write home about* », ça ne casse pas trois pattes à un canard, il en est conscient, mais au moins ça lui permettra de revoir les rives de l'URSS, qui sait.

«Je suis à San Francisco – écrit-il le 5 septembre 1968 dans une lettre –, la ville se transforme en une New York, avec une skyline, un métro et un centre Rockefeller. Aujourd'hui, j'ai croisé par hasard Richard Nixon, notre nouveau président. »

Et le 31 octobre, depuis Newark : «J'ai trouvé un job de rêve. Rémunéré 10 000 $. Partons ce soir en direction de la Nouvelle-Zélande pour faire le tour du monde en quatre-vingts jours. »

Mi-novembre 1969, Paul débarque à Pusan, puis se rend à Séoul où il retrouve Saul Eisenberg, un homme d'affaires qu'il a connu à la fin des années quarante dans les ruines de Tokyo. À nouveau, il comprend que le monde tourne sans lui, et le soupçon d'une vie mal vécue le prend à la gorge. Eisenberg a fait fortune en vendant des plaques d'aluminium provenant des carcasses d'avions de l'armée japonaise aux forces d'occupation de l'armée américaine. Il a survécu à la guerre en trouvant refuge, en 1939, dans le ghetto de Shanghai. Durant les années d'après-guerre, à force de nouer des contacts avec l'état-major impérial et d'entrer dans les petits papiers des dirigeants de Nippon Steel, il s'est construit un réseau d'influences qui fait de lui un interlocuteur incontournable en Extrême-Orient. « Saul vient de donner une réception à l'hôtel Bando, qui a réuni le président Park, la moitié de son gouvernement et de nombreux entrepreneurs étrangers. Avant de se réfugier en Chine, il a été incarcéré à plusieurs reprises dans des prisons en Europe. Aujourd'hui, il est un des industriels les plus en vue et il brasse des millions. » Il est possible, de toute apparence, d'organiser sa vie autour d'une ligne claire. Seulement : comment faire ?

« Subic Bay, Philippines, le 21 décembre 1970. Depuis le 1er décembre, je travaille à nouveau, mais seulement de façon intermittente, il est devenu aujourd'hui plutôt difficile de trouver un bon emploi. Récemment, j'ai traversé le Mato Grosso et à São Paulo,

j'ai rencontré mon vieil ami Hans Ebner, qui avait émigré au Brésil en 1923. Il s'est souvenu du tour à vélo que nous avions entrepris ensemble et qui nous avait conduits de Zernez à Genève. Et moi, je viens de me rappeler que tu m'avais à l'époque envoyé vingt francs suisses par la poste à Genève et écrit qu'il serait souhaitable que l'argent arrive en retard, car autrement, je l'aurais déjà dépensé. »

Parfois, il semble que sa frénésie de voyage est inversement proportionnelle à la maturation de ses sensations et de son indécision. Dix ans après son dernier séjour à Moscou et sur un coup de tête, Paul retourne en URSS, cette fois-ci sans éprouver de regrets et prêt à affronter son héritage familial. C'est sa cousine Stefa, la fille de son oncle Elias, qui l'a invité et proposé de faire venir Tella. Il finit par y rester une semaine, une éternité en comparaison de ses habitudes.

Lorsque Tella et son fils arrivent à Moscou, Paul, ébloui, assiste, pour la première fois, à une réunion de famille. La rencontre l'exalte et le récit qu'il en fait dans sa correspondance est empreint d'un lyrisme inhabituel : on prend le thé sur le balcon inondé de soleil, sort des photographies, attribue des noms aux visages et commente les différentes trajectoires de vie. Stefa donne le change, malgré le diabète et les rhumatismes qui pèsent sur chacun de ses gestes. Sur les étagères s'alignent des médailles et hommages à l'engagement méritant des médecins lors de la Grande Guerre patriotique.

Mal à l'aise avec les non-dits, Paul vante la beauté des amandiers californiens en fleurs et parle des sources chaudes dans le désert de Palm Springs. Il sort une bouteille de vin géorgien de sa sacoche, avoue qu'il n'a rien rapporté de Suisse : cela fait cinq ans qu'il ne s'est pas rendu à Zurich. Lorsque le premier silence s'installe, Tella lui apprend dans un souffle qu'elle a renoncé à faire valoir son droit à la naturalisation, que ni elle ni leur fils n'envisagent dorénavant d'émigrer et de commencer une nouvelle vie en dehors de l'URSS. Une question d'usure, sans doute, et une longue accoutumance à l'inertie.

Soulagé, il se détend. Cette rencontre restera donc sans conséquence. Le cœur léger, il observe comment le ciel moscovite, imperceptiblement, s'obscurcit. Des années durant, il a attendu cet instant, tout en l'appréhendant, comme un rocher souterrain qui peut rayer la surface lisse de son existence à venir. Paul est resté partagé, comme toujours. Maintenant qu'il sait que leurs chemins se sépareront à nouveau, et sans doute pour toujours, il se sent libéré du poids de ses propres contradictions.

Le soir, lorsque, sur le seuil, Tella remonte le col de son manteau, son visage trahit la fatigue. Son fils, la mi-trentaine, l'embrasse, lui demande de saluer son oncle suisse. Joury Dymov : jamais il ne s'habituera à ce nouveau nom. Il les voit partir, et les suit du regard. « Je crois qu'elle va bien », tente-t-il de se rassurer. Il sait aussi qu'il ne les reverra plus : s'il était sentimental, il y verrait le reflet d'une vie de famille aux prises avec l'histoire.

Le lendemain, il monte dans un bus et longe les avenues grises de Moscou. À nouveau, la ville l'émerveille. Partout, des blocs d'habitation sortent de terre, des flots de voitures glissent entre les gratte-ciel. Au nord scintille l'aiguille du monument érigé en hommage au lancement du satellite Spoutnik. Il descend l'interminable escalier roulant pour humer l'air du métro. L'usine construite par Fiat à Togliatti sur les bords de la Volga mettra bientôt en route ses chaînes de production. Brejnev vient de signer un cessez-lefeu avec le gouvernement chinois après que l'armée rouge a repoussé une incursion des troupes de l'armée populaire de libération sur la frontière sino-soviétique du Xinjiang. L'URSS est définitivement sortie de sa torpeur.

La nuit suivante, il prend un train pour Odessa, puis grimpe sur la passerelle du *M/S Khaborovsk* qui met le cap sur Yokohama. « Sur le navire, ils projettent des comédies soviétiques, la plupart des passagers sont japonais, à l'exception de trois Mongols, originaires d'Oulan-Bator. »

L'année après cette visite moscovite, Tadzik lui apprend le suicide de son beau-frère. Ignaz Epper était un graveur sur bois expressionniste qui s'était retiré dans le Tessin après que ses œuvres, considérées comme représentants de l'art dégénéré, avaient été décrochées en 1937 des collections et musées allemands. « Quel dommage que la vie soit si courte ! », s'exclame Paul. La nouvelle l'ébranle, tout en l'étonnant : même une existence d'artiste sédentaire, à Ascona, sur les rives du lac Majeur, ne peut garantir une fin sereine.

Paul lui-même n'en mène pas large. Il annonce à son frère qu'il doit repousser la visite prévue en Suisse. Il se trouve à Yokohama, dans une chambre du Bluff Hospital avec une vue imprenable sur les flancs du mont Fuji. La douleur s'est calmée, mais sa jambe peine à lui obéir et lorsqu'il y prête attention, il constate une perte de sensibilité sur toute la partie droite de son corps. À nouveau, il craint de rester paralysé. Le médecin qu'il consulte au sujet de ses maux parle d'usure des disques lombaires, accentuée par une malformation congénitale, et lui conseille de se déplacer moins ou, au moins, de diversifier ses moyens de transport. Paul l'écoute et se résout à voyager en avion : après un passage par Hawaï et une escale à San Francisco, il atterrit à Anchorage, où il pleut sans interruption.

Sa maison, une cabane en rondins de bois, enfin construite, une version réduite de la maison familiale en Suisse, est située dans un quartier périphérique, à deux kilomètres du tarmac de l'aéroport. Le soir, assis dans son fauteuil sur la véranda, il entend les avions survoler les peupliers. Parfois, après l'éruption d'un volcan, les cendres obscurcissent le ciel et provoquent l'interruption du trafic aérien. Au loin, sous la silhouette bleutée de la chaîne de montagnes, des plaques de neige s'accrochent aux pentes.

Peu enclin à la contemplation, il décide de se lancer dans l'immobilier. Vendre et acheter des terrains n'est pas sorcier, d'autant que les terres en Alaska sont littéralement à la disposition du premier venu. En 1867, les États-Unis ont versé 7,2 millions de dollars à l'empire russe pour acquérir ce territoire grand comme trois fois la France. Depuis, ils ne savent que faire de l'immensité de leur possession. La ruée vers l'or du siècle précédent est encore dans toutes les têtes, la richesse, se dit-il, attend à une paume sous la terre. Avant même l'arrivée des premiers Européens, les peuples indigènes du Nord-Ouest américain auraient échangé des peaux de phoque contre des pépites de cuivre.

L'œil rivé sur le cadastre, il vide son compte à la *Seamen's Bank for Savings* et prospecte les terres en friche des environs d'Anchorage. Contrairement à ceux qui mènent à Rome, les chemins en Alaska se perdent entre les prairies et les étangs. Les délimitations des propriétés ne sont pas toujours identifiables, tout comme il s'avère difficile de localiser les ayants droit. Longtemps, la terre a été cédée selon le principe du « premier venu premier servi », et l'histoire est récente : avoir un grand-père né à Anchorage, apprend-il, est ici un motif de fierté.

Il se plaît en Alaska, le pays lui donne la sensation de vivre dans un présent pur. Qui y vit se déplace en camionnette ou en pick-up, les habitations éloignées disposent pour la plupart d'une piste d'atterrissage. Des trains de marchandises jaune et noir fendent les plaines, des nuées de moustiques tremblent au-dessus des marécages. Les bars sont rares et silencieux ; aux carrefours, des pêcheurs de Seward, assis sur une chaise pliable devant leur remorque, vendent du thon et du flétan. Les routes sont bordées d'enseignes d'engins agricoles. Le soleil septentrional étale une couche d'orange sur les immeubles en verre du centre-ville. Le soir, des files de spectateurs, mis sur leur trente-et-un, se forment devant la salle de concert surmontée de lampions rouges.

Il achète une voiture, trace des cercles en parcourant les environs d'Anchorage, puis étend successivement ses voyages jusqu'à s'approcher, au nord, de la masse blanche du Mount McKinley, et, au sud, du port de Homer où quelques bateaux de plaisance se mêlent à la flottille des bateaux de pêche. Il se familiarise avec les parkings goudronnés qui entourent les *shopping malls* gris, avale ses repas en conduisant, s'habitue au café amer des stations-service. « Ma boîte postale d'Anchorage sera dorénavant mon adresse principale », écrit-il à son frère et il lui demande de lui virer six mille dollars en guise de participation à ses investissements.

Après un séjour à l'hôpital, dû à une opération des reins, Paul suit les conseils d'un voisin de chambre et achète des terrains en bordure de ville ainsi que des cabanes et des fermes en ruine qu'il fait restaurer. Émerveillé, il apprend qu'il peut également charger les maisons sur des camions à plateforme large afin de les rapprocher de Juneau et de Fairbanks et de les y revendre avec profit : le pragmatisme et l'inventivité des États-Unis semblent inégalés et sans limite. Les affaires sont florissantes, cela fait quinze ans que l'Alaska a acquis le statut d'État et rejoint la nation. Bientôt, les pipelines serpentent à travers la toundra, la découverte des réserves de pétrole brut de Prudhoe Bay provoque un afflux de résidents en provenance des *lower forty-eight*, des États situés au sud de la frontière canadienne, qui fait grimper le prix de la terre à vue d'œil.

Deux ans plus tard, il voit plus grand et décide d'avancer en pointillé le long des côtes atlantique et pacifique. Soucieux de souligner la clairvoyance qui a guidé ses investissements immobiliers, il tient à rassurer son bailleur : « Le terrain de Yokohama, administré par Helm Bros, Yamashita-Cho, 53, Yokohama, vaut déjà 20 000 dollars. Les terres d'Anchorage et de la péninsule Kenai sont administrées par la société de Lee Harmon au 2001 Esquire Drive, 99501 Anchorage, Alaska. À Porto Rico, je possède un terrain à Guaynabo et à Hawaï, j'ai investi dans deux lotissements (d'une valeur de 6 000 dollars chacun) dans la communauté

Nanawale. En Arizona, je suis en possession d'une parcelle d'une valeur de 3 000 dollars, située à Lake Havasu City (lot 30, block 3, tract 116). »

Il y a un temps dans la vie de tout homme où celle-ci ralentit, selon Robert Musil, comme si elle hésitait à continuer ou cherchait à changer de direction, « c'est dans cette période-là, peut-être, ajoute-t-il, que les accidents arrivent le plus facilement ». Pour Paul ce moment survient lorsque l'ennui et sa vie sédentaire le poussent dans les bras de malfrats en costume, spécialistes des caractères faibles et familiers des antichambres des prétoires. Il envisage d'acquérir un terrain en friche près de la mairie d'Anchorage où il pourrait faire construire un condominium, s'associe avec un partenaire, fonde une société immobilière, puis se voit cité à comparaître.

« Je viens d'être pris au piège par un escroc de première classe ! J'ai déjà perdu cinq cents dollars, maintenant il tente de me soutirer trente-six mille dollars en arguant que j'aurais signé un contrat. Je viens de donner une procuration à mon avocat pour qu'il enregistre l'ensemble de mes terrains à ton nom, et ce au plus vite. À moins qu'il soit déjà trop tard, dans ce cas, tout serait perdu ! J'espère que tu seras d'accord. »

Dans l'attente d'une réponse, Paul s'enfuit, se cache à Baltimore, dans le Maryland, où il donne des cours de soudage pour lesquels on le paye neuf cents dollars par mois. Son frère, qui s'alarme, lui conseille de se défaire de tous ses investissements, quitte à vendre à perte. «Je suis désolé pour toi, mais tu comprendras sans doute que cette affaire ne me réjouit guère. Tu pourrais bien évidemment me faire transférer tes avoirs, même si je n'ai aucune idée de ce que je devrais en faire. Je n'ai ni le temps ni l'envie de m'en occuper et ne pourrais en aucun cas me charger de négociations, voire mener un procès. Si tu n'es pas en mesure de te rendre sur place, tu perdras tout. Tu as accumulé des biens en pensant pouvoir en tirer des bénéfices. À ton âge, c'est plutôt stupide. C'est à toi de voir comment faire, je ne pourrai guère t'aider si tu as des soucis, et à mon avis tu ne peux qu'aller au-devant de problèmes si tu attends trop longtemps.»

À près de quatre-vingts ans, son horizon en effet se rétrécit. Entre ses soucis juridiques et la fatigue de son corps, son statut de vétéran le sauve, lui donnant un accès gratuit aux meilleures cliniques du pays. Les vieilles blessures et infections négligées se réveillent, ses ennuis de santé ne laissent plus de répit. Alité à Rochester, dans la Mayo Clinic, passant chaque jour entre les mains d'un spécialiste différent, il rédige son testament, informe son frère qu'il a souscrit une assurance vie et dit qu'il compte léguer son appartement de Yokohama, acheté au moment de son hospitalisation au Japon, à la Société Protectrice des Animaux.

À San Francisco, une radiographie révèle que l'état inquiétant de ses disques lombaires a provoqué une atrophie musculaire, son foie enflé fait craindre une maladie tropicale et l'oblige des mois durant à se nourrir de riz et de tomates crues.

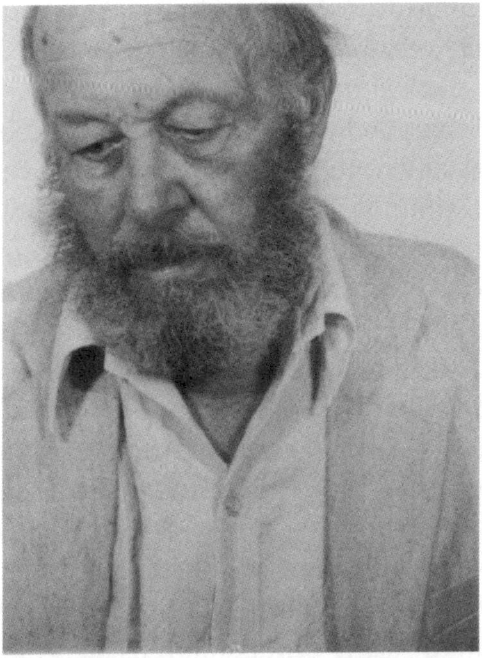

Dès qu'il peut à nouveau se déplacer, il réserve une place sur un vol pour Manille où il fait une chute qui entraîne une fracture ouverte et nécessite son rapatriement aux États-Unis. Six mois durant, il vit cloîtré à Oakland, en Californie, dans une chambre dont la fenêtre encadre les pylônes de la Bay Bridge. Quand il peut se lever à nouveau, son cœur défaillant rend sa respiration difficile et ses poumons se remplissent d'eau.

Sa volonté de vivre l'aide à ignorer la déchéance physique. Il approche les quatre-vingt-cinq ans lorsqu'il se rend une dernière fois à Zurich, décidé à retrouver sa chambre (sa « retraite », comme il dit dorénavant) dans la maison familiale : affaissé sur son déambulateur, la chemise froissée, l'imperméable taché flottant dans le vent, il gravit la colline pas à pas, avançant sur le bitume avec la patience d'un orfèvre.

Le lendemain, il se présente dans une banque pour retirer ses économies. À la sortie, le voyant fourrer une liasse de billets dans ses poches, une bande de jeunes le dévalise, le tabasse et l'abandonne sous un ciel éclatant, le fémur brisé, gisant sur le trottoir. Contre toute attente, l'opération est un succès, mais l'anesthésie laisse des séquelles durables. Lorsqu'il se réveille, il ignore où il se trouve, se perd dans la blancheur des couloirs et ne manifeste sa volonté que pour demander à rentrer en Californie. Confronté au mur de son entêtement, Tadzik finit par affréter un avion médicalisé qui se pose, un mois après l'agression, sur le tarmac de l'aéroport d'Oakland.

À San Francisco, Paul descend d'abord dans un hôtel miteux du quartier chinois, puis est admis dans un sanatorium pour vétérans de l'armée américaine à Alameda, au bord de la Baie, entouré de peupliers dorés. Quand ses vertiges le permettent, il appelle son frère pour lui dire son envie de voyager, mais la plupart de ses phrases sont incompréhensibles. « Monter à bord d'un avion serait un suicide dans ton état, lui écrit Tadzik dans sa dernière lettre, tu ignores jusqu'au lieu où tu te trouves et au nom des personnes qui te soignent. » Il sait qu'il est arrivé au bout de ses possibilités et qu'il ne verra plus son frère.

Pendant ses dernières semaines, Paul s'assoit l'après-midi près de la fenêtre, respirant le vent qui traverse les cimes des arbres et sentant la marée monter dans son corps. De longues heures durant, il s'assoupit, aidé par la morphine. Un à un, ses organes s'affaiblissent, la corne de brume des ferrys qui traversent les nuits provoque des rêves fiévreux et le laisse le matin dans un état d'hébétude. Lentement, à mesure que la décadence physique fait son œuvre et que son esprit s'affranchit, sa vie s'efface. Il meurt à la fin de l'été indien de 1995, sans douleur apparemment et, selon son infirmière, un discret sourire aux lèvres.

ENVOI

Ses funérailles étaient d'une certaine manière à son image. Le 18 décembre 1995, une pluie fine ruisselle sur les arbustes et les haies qui quadrillent la pelouse. Le cimetière se trouve à la lisière de la forêt et d'un champ de maïs; derrière le mur d'enceinte se fait entendre la clochette d'un tramway qui grimpe la pente. Une odeur d'humidité monte du gazon, un employé municipal accroupi taille les roses tandis qu'un autre ratisse les feuilles mortes sur le gravier.

Comme Paul a survécu à la plupart de ses frères, seules une dizaine de personnes sont présentes à son enterrement. Tadzik, dans sa quatre-vingt-dix-huitième année, n'est plus en mesure de se déplacer. Quelques orateurs tentent sans succès de cerner la trajectoire du défunt et de relier les rares faits documentés au firmament de sa vie intérieure. La mort transforme l'existence en destin, dit-on, mais les méandres dessinés par les choix de vie de Paul ne permettent en rien de lever les doutes. On s'interroge sur les « images contradictoires » que fait surgir la vie de Paul, mentionne son « exil à vie » et on pense deviner, dans son souhait d'être enterré à Zurich, à un kilomètre de la maison familiale, « un désir de retour ».

La cérémonie, peut-être en raison de la fraîcheur automnale, se termine assez rapidement. Dès que l'urne, acheminée par avion depuis les États-Unis, est, conformément à ses souhaits, enfouie dans le carré des anonymes, la foule clairsemée se disperse. Dans les semaines qui suivent sa mort un notaire officiant à San Leandro en Californie signale l'existence d'un testament. La liste de ses possessions compte une société immobilière mise en sommeil à Hong-Kong (immatriculée au 80, Nathan Road à Kowloon), un terrain couvert de ronces dans l'est de la Suisse ainsi que quelques dizaines de milliers de dollars déposés sur un compte en banque dont une partie sera engloutie par les formalités administratives, les taxations fiscales et le coût du transfert de ses cendres.

Au cours des mois qui ont suivi sa mort, des lettres, sollicitations et réclamations diverses, pour la plupart adressées à la famille par des inconnus, arrivent encore à intervalles irréguliers, formant un dernier assemblage de vestiges sans cohérence. Un jour, dans un courrier envoyé par fax depuis l'Alaska, un certain Mr. Adams, faisant allusion à de possibles détournements dont il s'estime être la victime et à une dette morale, propose à la famille de racheter la maison d'Anchorage « pour une somme de dix dollars ».

Quelques années après, quand j'ai commencé à tenter de démêler les fils de l'existence de Paul, le lien que j'avais espéré pouvoir nouer avec le passé s'est révélé d'autant plus fantomatique que Tella avait elle aussi disparu sans laisser de trace : ni l'ambassade de Suisse à Moscou ni les autorités russes, sollicitées après le décès de Paul, n'ont su fournir d'informations à son égard. Leur fils, qu'il ait passé sa vie sous le nom de Reichstein ou Dymov, restait à son tour introuvable. Un courrier, adressé aux archives du Comité international de la Croix-Rouge, a reçu la réponse suivante :

« Cher Monsieur,

En réponse à votre demande, nous avons le plaisir de vous remettre en annexe un extrait du registre des citoyens suisses et de leur famille domiciliés en URSS, daté de 1937. Il s'agit du seul document que nous avons trouvé dans nos archives au sujet de votre grand-oncle et de sa famille.

En espérant avoir pu vous aider, nous vous prions de recevoir, Cher Monsieur, nos meilleures salutations. »

Entre les silences et les pages blanches, c'est surtout par des signes que Paul s'est rappelé à mon souvenir. Au cours de la rénovation de la maison familiale, j'ai découvert, ou peut-être redécouvert, les cinq crochets que les parents avaient installés dans son enfance et qui accompagnent toujours le dénivelé des marches de l'escalier : les quatre premiers étaient réservés aux manteaux de ses frères, apparaissant ici avec leurs surnoms – Tadzik, Adasch, Edjo et Ignaz – le dernier, le sien, porte une étiquette au nom de Paul.

Plus tard, à l'occasion d'une fête d'anniversaire à Vienne, j'ai pu revoir Thomas, le dernier de ses neveux, dont la ressemblance physique avec Paul et sa fratrie – la tête osseuse, puissante, la voix chaude et chaleureuse – s'était accentuée avec l'âge. Sa gestuelle expressive elle-même semblait obéir à une chorégraphie résolument familiale. Un instant, la rencontre avait agi comme une plaque sensible, faisant apparaître les contours d'une image que j'avais crue perdue ; comme si, grâce à ces retrouvailles, je me trouvais brièvement sur un seuil qui pourrait me permettre de saisir l'écho d'un monde disparu.

C'est à diverses occasions imprévues que l'ombre de Paul s'est projetée, comme au moment d'une visite des hangars d'accueil d'Ellis Island, dont les couloirs semblent encore résonner des pas des immigrants venus de la Russie impériale. Elle s'est aussi manifestée, de façon subreptice, à la lecture des *Élégies* de John Donne :

Vivre dans un pays est captivité,
Courir tous les pays est pure friponnerie

Un voyage en Alaska, entrepris en famille, a probablement été le moment où je me suis le plus rapproché de ce qui subsistait de son souvenir. Sa maison à Anchorage, objet de la convoitise de Mr. Adams, était habitée par une Philippine qui affirmait que Paul l'avait désignée héritière de la propriété. Elle était vêtue d'un chemisier léopard et possédait un piano désaccordé. La table de la cuisine faisait office d'autel. Dans son salon, à la fois centre de prières et grange, elle avait étalé des tapis rouges. Ses yeux se mouillaient en évoquant son amitié avec Ritchie et tandis que nous nous apprêtions à partir, elle chercha un portrait de Paul et le brandit en l'air en guise de preuve de son indéfectible attachement.

Tenter de cerner sa vie et sa manière de vivre, deviner ses défauts et sonder ses mystères à travers ses lettres s'avère d'autant plus illusoire que Paul n'a jamais cherché à s'imposer aux yeux des autres. De toute évidence, il n'a jamais prétendu à l'exemplarité ni n'aurait voulu servir de modèle. Aussi, savoir que sa silhouette s'efface doucement avec le temps ne l'aurait peut-être pas dérangé : il n'a jamais vécu l'œil rivé sur le passé ou l'avenir et il est peu probable qu'il ait pu éprouver le moindre désir de laisser une trace.

De ce point de vue, sa discrétion était sans doute sa principale richesse. Au XVIIIe siècle, les orpailleurs brésiliens cachaient leur or dans des statues en bois de saints pour échapper à l'imposition coloniale. C'est dans le même esprit, j'ai envie de croire, que Paul a veillé à protéger son indépendance. « Quand est-ce que tu viendras en Suisse ? », demande Tadzik en conclusion de sa lettre du 23 mai 1953. « Demain, j'irai voir le dentiste à Baltimore », écrit Paul, penché sur la table branlante, la nuit du 11 octobre 1973 à l'encre bleue sur le papier à en-tête de son hôtel new-yorkais, « au début de la semaine prochaine, je serai à San Francisco. »

*L'auteur tient à remercier les Archives d'État de Bâle-Ville,
les Archives fédérales suisses, Peter Stephan Jungk,
Thomas Reichstein & Adriana Brandão.*

OUVRAGE CONÇU & COMPOSÉ PAR ANNE LIMA
EN ZAPF RENAISSANCE ANTIQUA
IMPRESSION ACHEVÉE SUR LES PRESSES
D'EIGAL EN JUIN 2024

DA INFELICIDADE DA COMPOSIÇÃO, ERROS DA ESCRITURA, E OUTRAS IMPERFEIÇÕES DA ESTAMPA, NÃO HÁ QUE DIZER-VOS : VÓS OS VÊDES, VÓS OS CASTIGAIS.

DOM FRANCISCO MANUEL DE MELO.